DAS KREUZSTICH-BUCH WEIHNACHTEN

DAS KREUZSTICH-BUCH WEIHNACHTEN

Sticken ist ein schönes Hobby. Es entspannt und gibt kreative Impulse.
Gute Anleitungsbücher gehören dazu.

Seit mehr als 30 Jahren steht Christophorus für praxisbezogene Literatur
zur Freizeitgestaltung. Genauso wie dieser Band ist jeder Titel aus dem
Christophorus-Verlag mit viel Sorgfalt erarbeitet.
Das erklärt, warum unsere Bücher jährlich so vielen zufriedenen Lesern
Freude bringen.

DAS KREUZSTICH-BUCH WEIHNACHTEN

Die schönsten Motive

CHRISTOPHORUS

Coats Mez
Edition

Inhalt

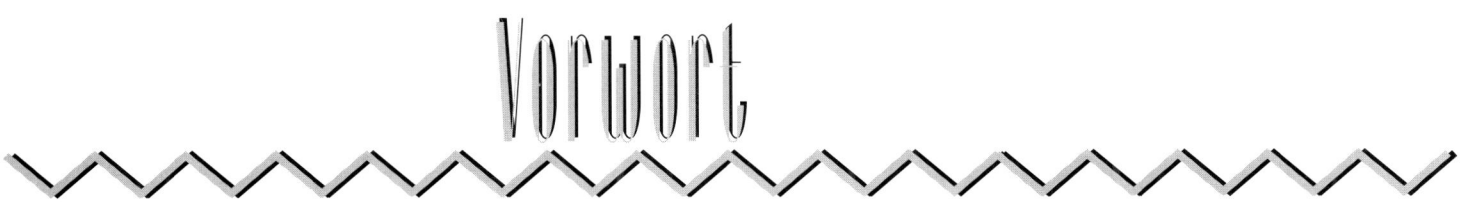

Vorwort

Die Kreuzstich-Stickerei zählt zu den beliebtesten Handarbeiten.
Besonders in der Weihnachtszeit, wenn die Abende länger werden, macht das Sticken von kleinen Geschenken oder dekorativen Deckchen für die eigene Wohnung viel Freude.

Stick-Designer und das Coats Mez Design-Studio haben aus der Fülle ihrer Entwürfe die schönsten Muster und Motive in diesem Band für Sie zusammengestellt:
Mit diesem Buch erhalten Sie ein reichhaltiges Angebot verschiedener weihnachtlicher Stickmuster, die in Verbindung mit dem jeweiligen Gestaltungsbeispiel das Sticken sowie die Ausarbeitung so leicht wie nur möglich machen.

Anfänger und Könner finden gleichermaßen für ihre Wünsche geeignete Stickvorschläge. Speziell für alle Einsteiger in diese schöne Handarbeit ist der Kreuzstich-Lehrgang gedacht. Direkt in Folge daran wird in zahlreichen Abbildungen das Ausarbeiten des doppelten Saumes und der Briefecke erklärt, damit Ihre Stickarbeit sicher gelingt und Sie lange daran Freude haben.

Kreuzstich

Den Kreuzstich arbeiten Sie jeweils über die gleiche Anzahl von Gewebefäden in Höhe und Breite. Er besteht aus einem Unterstich und einem Deckstich.

In den folgenden Darstellungen stellt jede Linie des gezeichneten Gitters einen Gewebefaden dar.

Die gestrichelten Linien zeigen den Stickfadenverlauf auf der Rückseite.

In diesem Lehrgang sind die Kreuzstiche über 2 x 2 Gewebefäden gearbeitet.

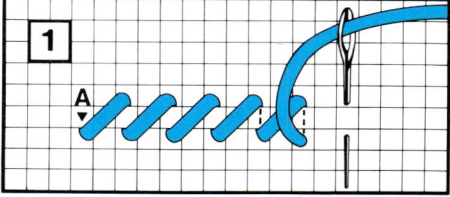

Die Abb. 1 – 3 zeigen das Arbeiten von waagrechten Reihen in je zwei Arbeitsgängen von oben nach unten. Am Punkt A beginnen Sie die Hinreihe mit den Unterstichen, die von links nach rechts gearbeitet werden. Arbeiten Sie dann die Deckstiche.

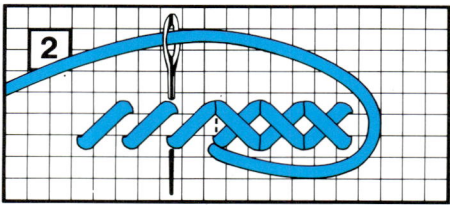

Abb. 2: Die Unterstiche sind von links unten nach rechts oben, die Deckstiche von rechts unten nach links oben zu sticken.

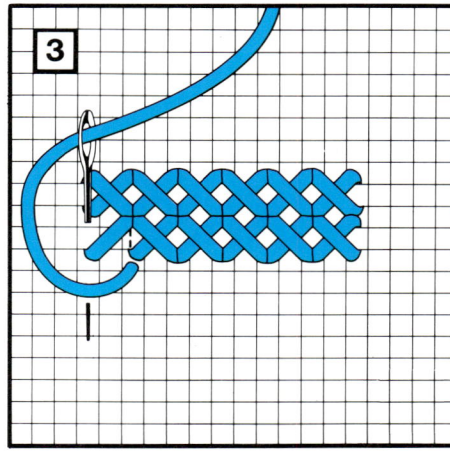

Abb. 3 zeigt Ihnen den Übergang zur nächsten, gleich langen Kreuzstichreihe. Vom letzten Deckstich aus stechen Sie über die doppelte Anzahl von Gewebefäden nach unten und beginnen dort mit der neuen Reihe.

Abb. 4: Verschiebt sich der Reihenbeginn um ein oder zwei Stiche nach außen, stechen Sie vom letzten Deckstich aus über die doppelte Anzahl der Gewebefäden schräg nach unten. Gleiches gilt für eine Verschiebung nach innen.

Abb. 5 zeigt, wie Sie Zwischenräume von ein oder zwei Stichen in der Reihe übergehen können.

Die Abb. 6 – 8 zeigen, wie waagrechte Kreuzstichreihen gearbeitet werden müssen, wenn Sie Ihr Motiv von unten nach oben sticken.

Sticken Sie in dieser Richtung, werden die Unterstiche von rechts oben nach links unten (Abb. 6) und die Deckstiche (Abb. 7) von links oben nach rechts unten gearbeitet.

Die Abb. 9 und 10 zeigen, wie Sie senkrecht gearbeitete Kreuzstiche von oben nach unten einzeln fertigen.

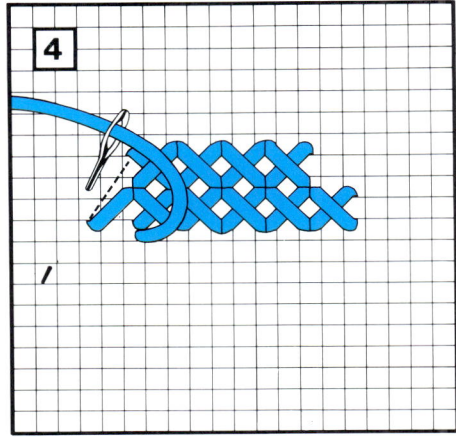

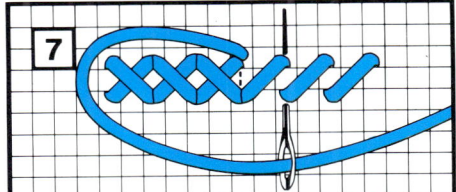

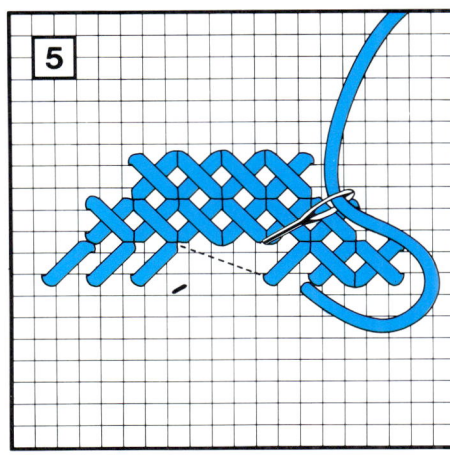

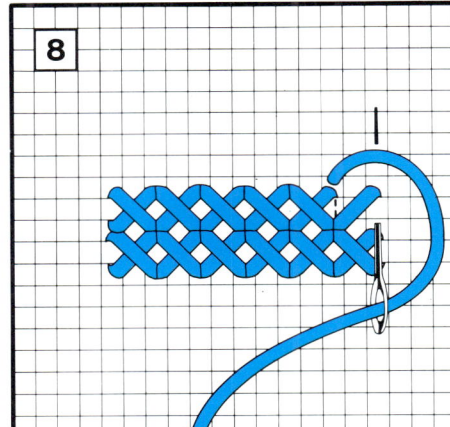

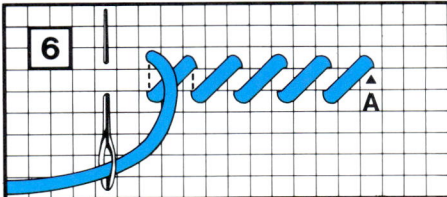

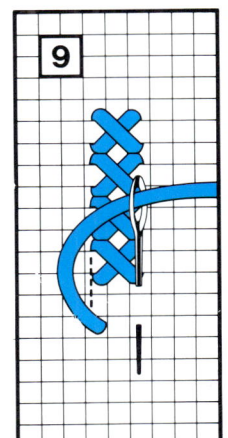

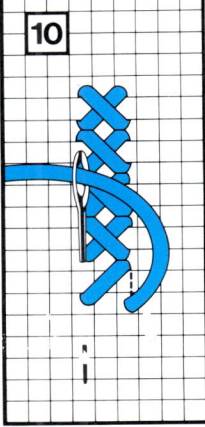

Die Abb. 11 und 12 verdeutlichen diese Technik (siehe Abb. 9 und 10) bei einer Stickrichtung von unten nach oben.

Abb. 13 und 14: Beim Arbeiten mancher Muster ist es nötig, daß Sie einige Kreuzstiche gleich fertigsticken, um eine bestimmte Stelle im Motiv direkt zu erreichen. Diese Art der Stiche sollten Sie nur für wenige Übergangskreuzstiche verwenden.

Wie Sie diagonal verlaufende Kreuzstiche einzeln gleich fertigsticken, sehen Sie auf den Abb. 15 – 18.

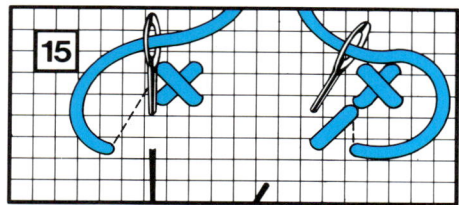

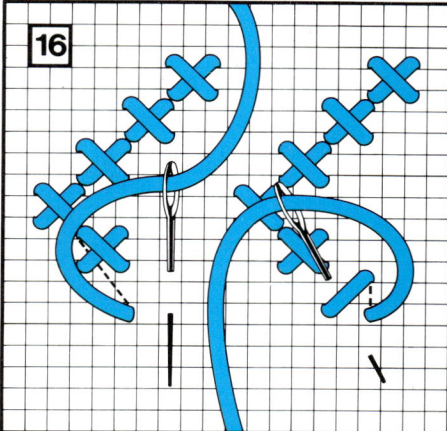

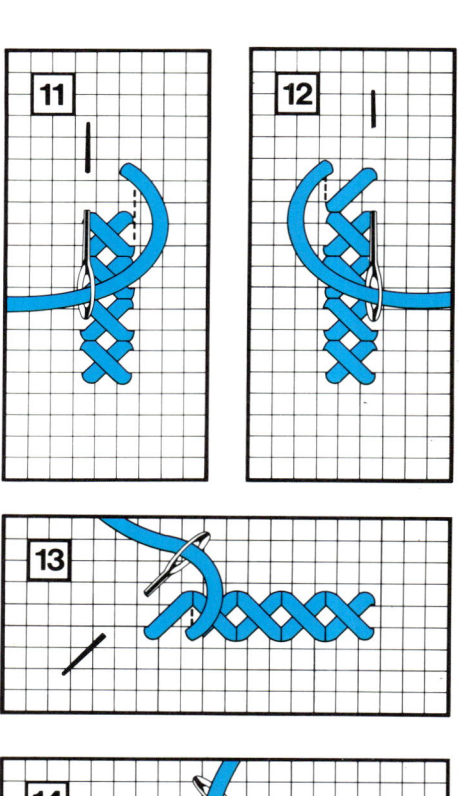

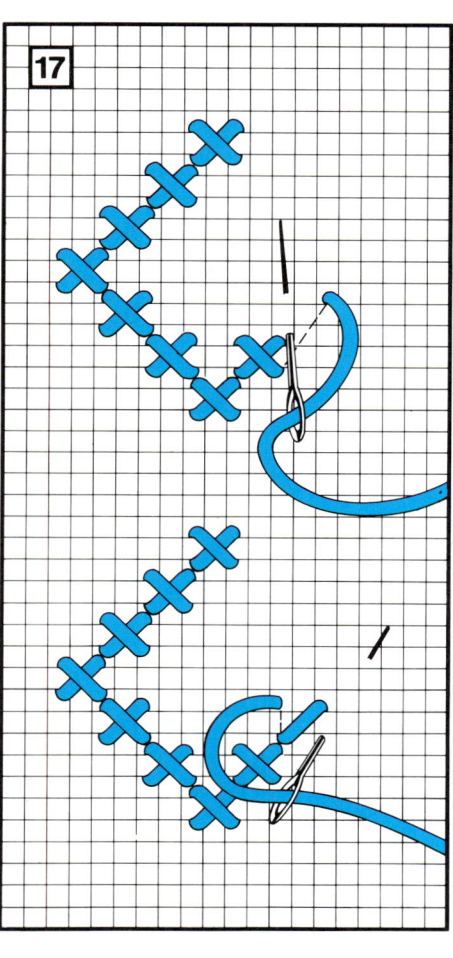

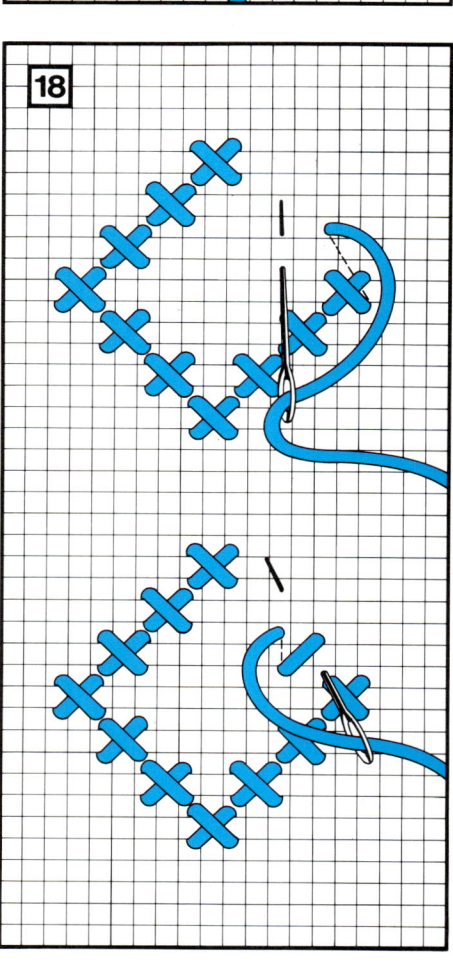

Abb. 19 und 20 zeigen Ihnen, wie Sie den Stickfaden beim Kreuzstich vernähen. Arbeiten Sie Rückstiche um je ein Fadenkreuz, und ziehen Sie dabei den Stickfaden jedesmal fest an. Die

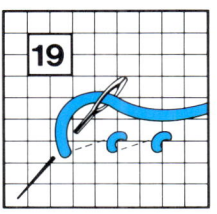
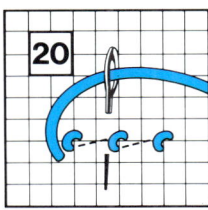

Rückstiche werden durch den nun folgenden Unterstich verdeckt. Das Fadenende wird auf die gleiche Weise unter den bereits gestickten Kreuzstichen verwahrt.

Zierstiche

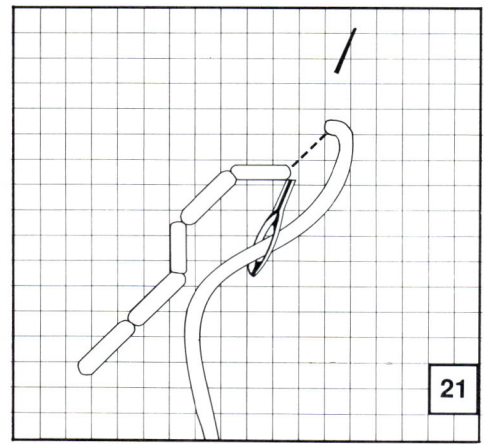

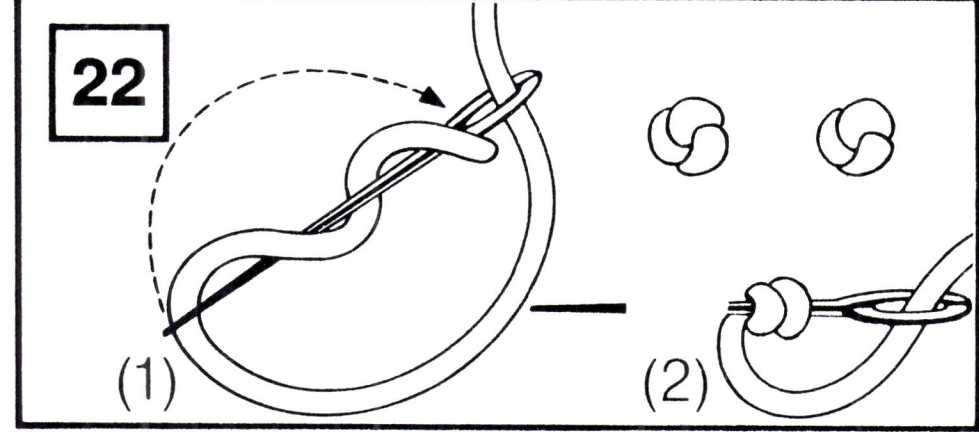

STEPPSTICH

Abb. 21: Sie führen den Faden aus dem Stoff heraus, stechen um eine Stichlänge zurück wieder ein und führen die Sticknadel auf der Rückseite um die doppelte Stichlänge vorwärts.

KNÖTCHENSTICH

Abb. 22: Um den Knötchenstich zu sticken, stechen Sie von unten her an der gewünschten Stelle aus und winden den Faden zweimal locker so um die Nadel, wie es Schritt 1 zeigt. Die Nadel drehen Sie im Uhrzeigersinn

zurück, wie es der gestrichelte Pfeil zeigt, und stechen knapp neben der Ausstichstelle ein. Während die Nadel im Stoff steckt, ziehen Sie den Faden an – es entsteht ein Knötchen, das direkt auf dem Stoff sitzen muß –, dann ziehen Sie die Nadel mit dem Arbeitsfaden ganz durch.

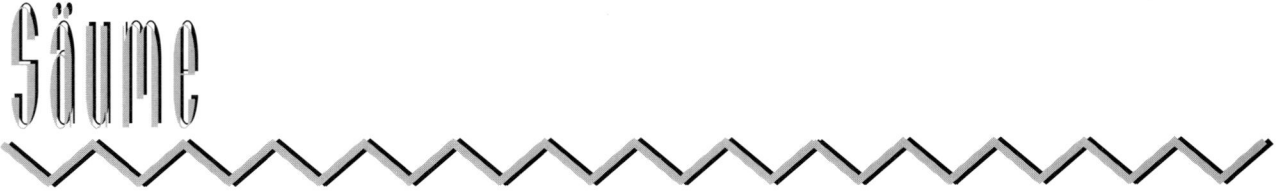

Säume

DOPPELT GELEGTER SAUM MIT BRIEFECKE

Das Beispiel zeigt ein Set mit einem 3 cm breiten, doppelten Saum. Berechnen Sie für den Saum insgesamt 9 cm. Davon sind 3 cm für die Vorderseite, 3 cm für die Rückseite und 3 cm für den Einschlag.

Die Fadenanzahl des hier verwendeten Stoffes beträgt 71 Fäden pro 10 cm. Aus der gewünschten Saumbreite und der Gewebedichte ergibt sich nun die Anzahl der abzuzählenden Gewebefäden.

Wir empfehlen für das Arbeiten des Saumes ⚓ Anchor Vierfach-Stickgarn in der zum Stoff passenden Stärke.

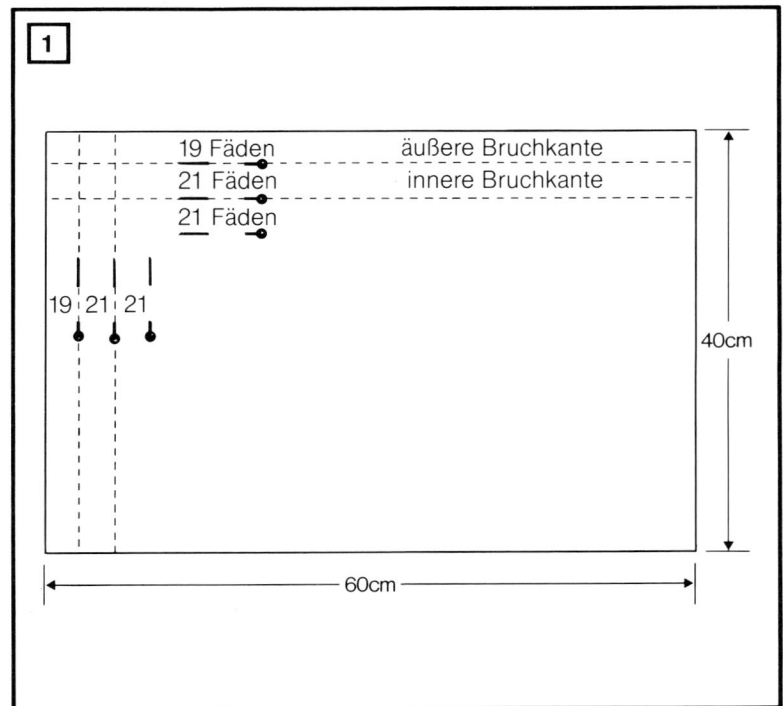

Abb. 1: Zur Markierung der Bruchkante an zwei Kanten des Sets von außen 19 Fäden, 21 und noch einmal 21 Gewebefäden abzählen und jeweils eine Nadel einstecken.

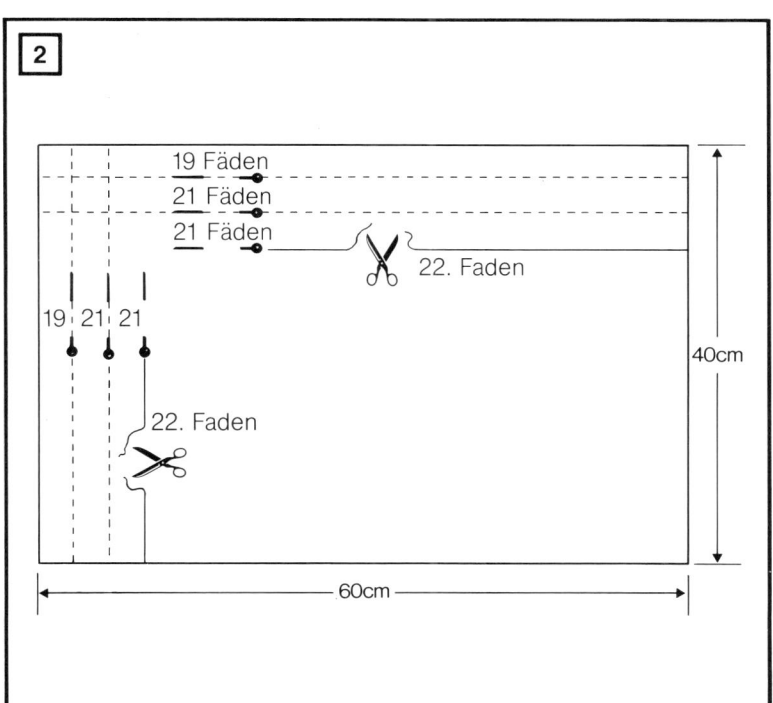

Abb. 2: Den 22. Gewebefaden schneiden Sie ungefähr in der Mitte jeder Seite ein.

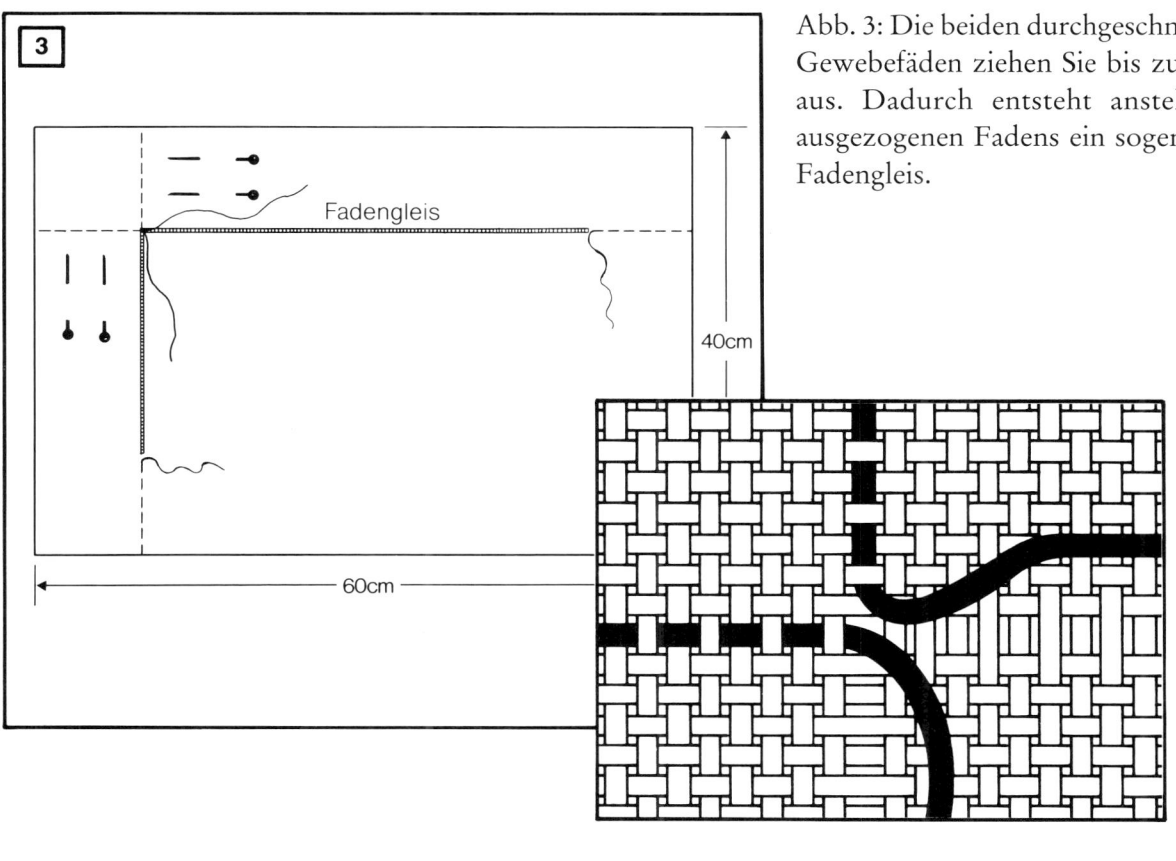

Abb. 3: Die beiden durchgeschnittenen Gewebefäden ziehen Sie bis zur Ecke aus. Dadurch entsteht anstelle des ausgezogenen Fadens ein sogenanntes Fadengleis.

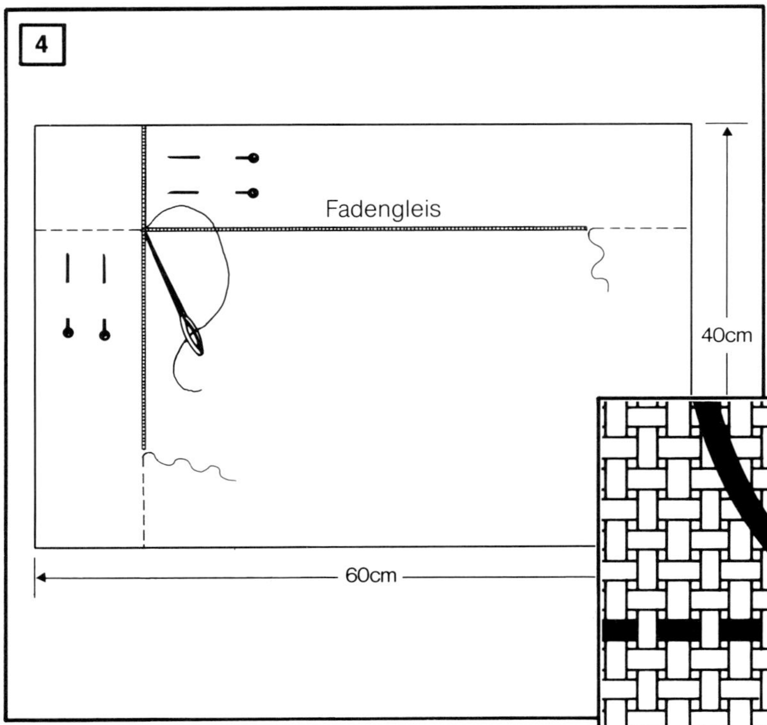

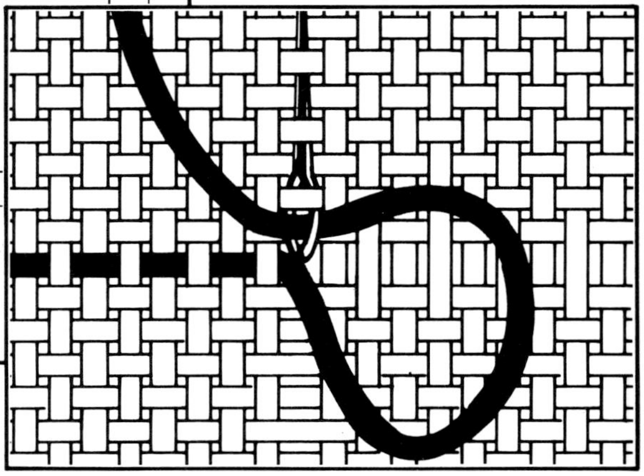

Abb. 4: Ziehen Sie einen der beiden Fäden ganz aus und weben den verbleibenden in das nun frei gewordene Fadengleis ein.

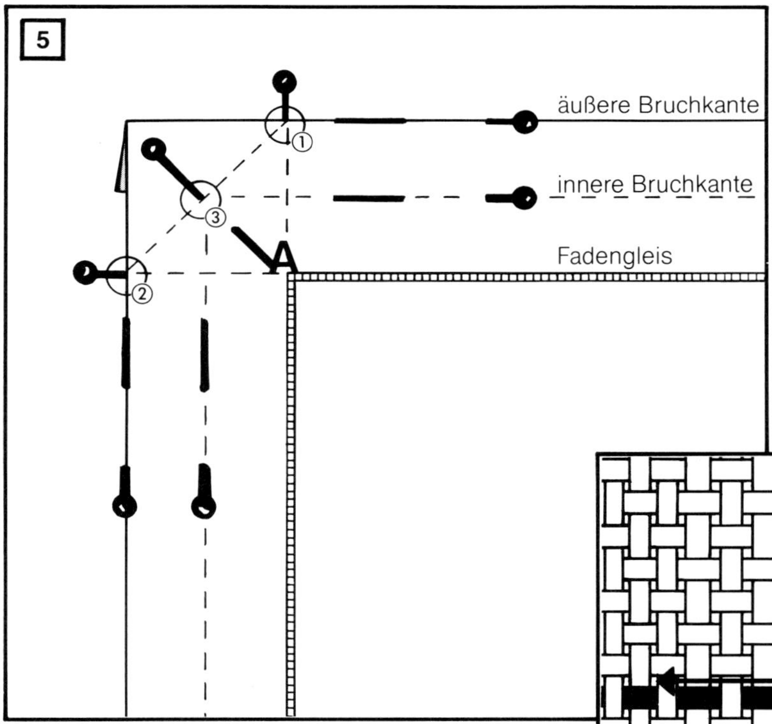

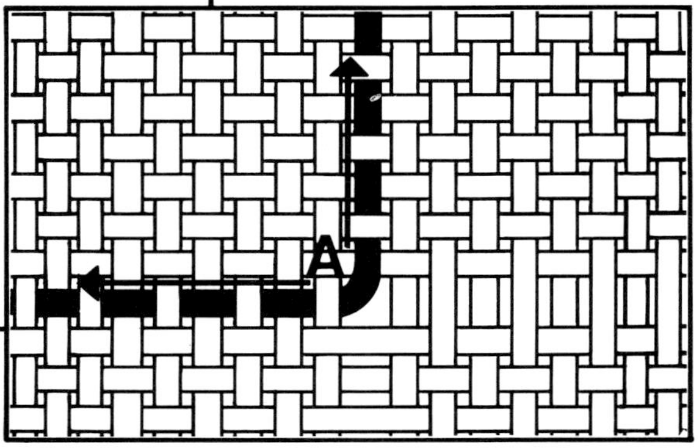

Abb. 5: Legen Sie den Stoff bis zur äußersten Bruchkante um (Einschlag). Die Punkte 1 und 2 erhalten Sie, wenn Sie von A fadengerade nach außen gehen, bis Sie zur jeweiligen äußersten Bruchkante kommen. Punkt 3 liegt auf dem Schnittpunkt der beiden inneren Bruchkanten. Markieren Sie diese Punkte jeweils mit einer Nadel. Die Verbindung von Punkt 1, 2 und 3 bildet nun eine Diagonale. Entlang dieser Linie schlagen Sie die Ecke um und wenden die Arbeit.

Abb. 6: Schneiden Sie die Spitze der Ecke im Abstand von ca. 1 cm zur Diagonalen ab.

Abb. 7: Klappen Sie die Ecke wieder auf und schneiden noch die beiden kleinen Eckchen ab.

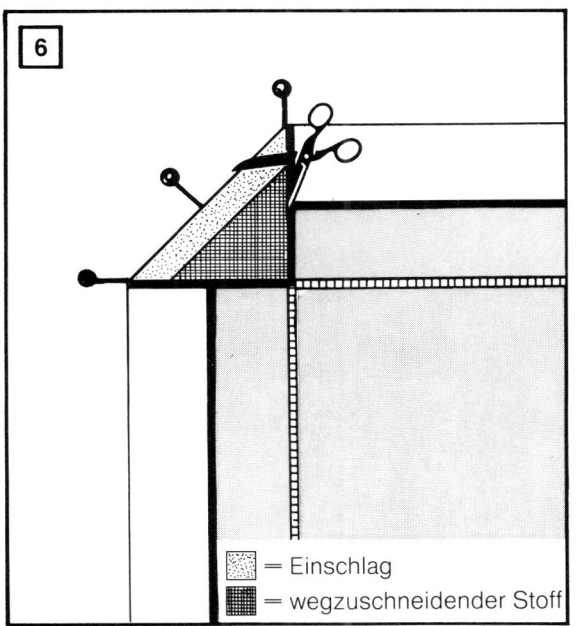

= Einschlag
= wegzuschneidender Stoff

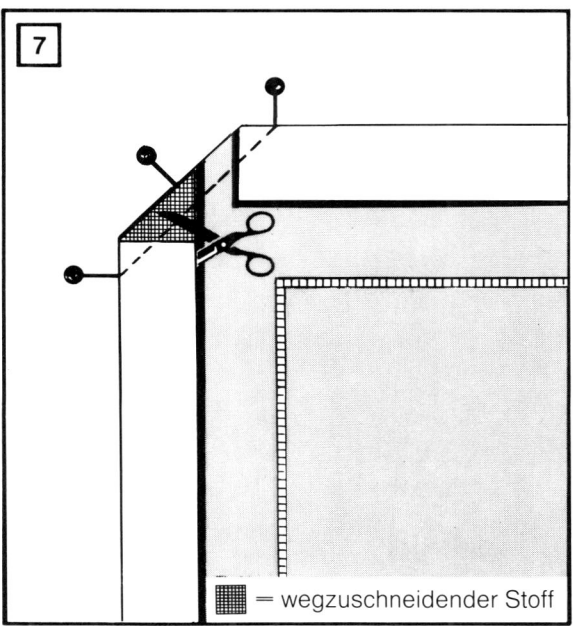

= wegzuschneidender Stoff

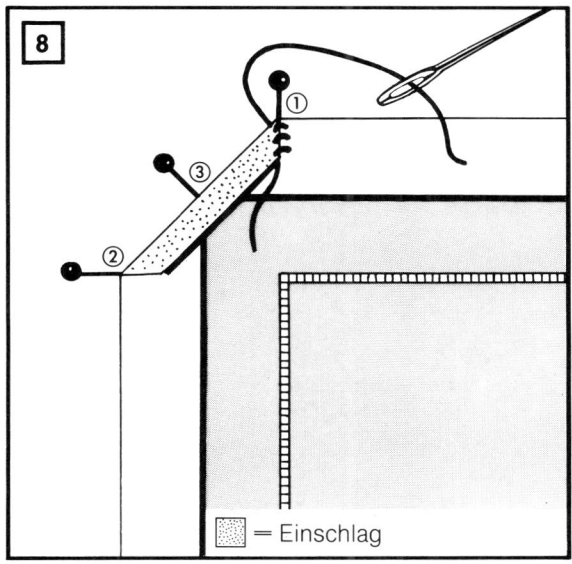

= Einschlag

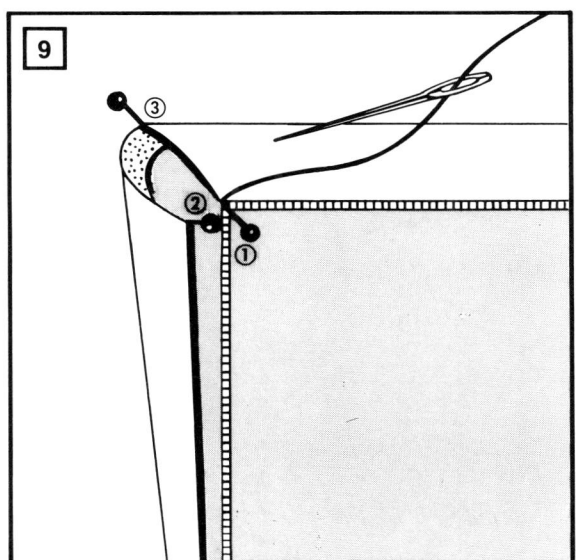

Abb. 8: Nähen Sie den 1 cm breiten Einschlag mit wenigen Stichen fest und nehmen dann den äußeren Faden an der Nadel 1 auf.

Abb. 9: Legen Sie die Ecke wie dargestellt, und nehmen Sie den äußeren Faden an Nadel 2 auf.

Abb. 10: Nähen Sie die Ecke mit dem Matratzenstich zusammen. Ziehen Sie den Faden erst ganz zum Schluß an. Stechen Sie in die Spitze ein und führen den Faden unter der Ecke zurück.

HOHLSAUM

Abb. 11: Beginnen Sie an Punkt A mit dem Hohlsaum. Sticken Sie die Hohlsaumstiche immer auf der linken Gewebeseite. Mit der Nadel fassen Sie abwechselnd je zwei Fäden entlang der ausgezogenen Linie und zwei Fäden an der Bruchkante des Saumes.

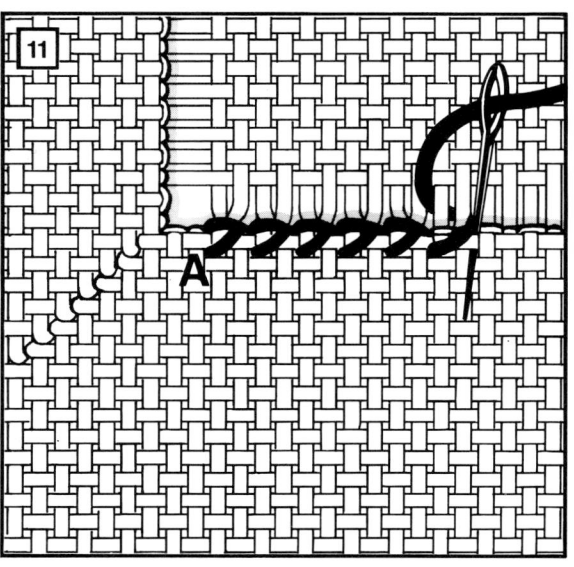

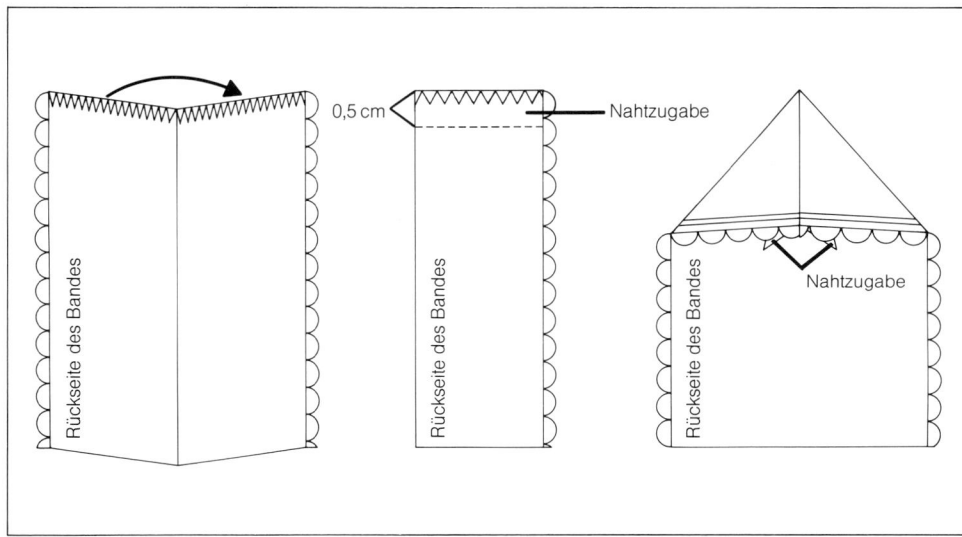

TÜTENECKEN

Versäubern Sie die Schnittkanten des Bandes mit dichtem Zick-Zack-Stich. Legen Sie das Band mit der bestickten Seite nach innen der Länge nach zusammen. Steppen Sie nun ca. 0,5 cm von der versäuberten Kante entfernt ab. Streifen Sie die Nahtzugabe auseinander, verstürzen das entstandene Käppchen und nähen es von Hand fest. Beachten Sie, daß die Nahtzugabe mit angesäumt wird.

STOFFKAUF

Beim Kauf des Handarbeitsstoffes sollten Sie die Saumzugaben berücksichtigen. Je nach Größe des Modells geben Sie 5 bis 15 cm Stoff dazu.

NADELN

Benutzen Sie beim gezählten Kreuzstich immer eine Nadel ohne Spitze, um das Anstechen der Gewebe- und Stickgarnfäden zu vermeiden.

STICKGARN

Alle Modelle sind mit ⚓ Anchor Sticktwist, Perlgarn 3 und 5 von Coats Mez gearbeitet. Gold- und Silbergarne, die in den Mustern verwendet werden, sind ⚓ Anchor Ophir, Diadem und Reflecta von Coats Mez. Die glänzenden Garne ⚓ Anchor Marlitt oder ⚓ Anchor Stickseide eignen sich ebenfalls sehr gut.
Wie der 6-fädige Sticktwist je nach Stichgröße und Stoffdichte geteilt wird, ist bei den Stickanleitungen vermerkt.
Die bei den Zählvorlagen angegebenen Zahlen hinter dem Schrägstrich der Farbnummer bedeuten die Anzahl der Stickgarnstränge. Dort, wo lediglich die Farbbezeichnung (Nummer) angegeben ist, benötigen Sie nur einen Strang.

STICKEN NACH DER ZÄHLVORLAGE

Jedes farbige Karo der Zählvorlage bzw. jedes Symbol steht für einen Kreuzstich. Bei größeren Motiven beginnen Sie am besten in der Mitte mit dem Sticken. Markieren Sie die Mitte mit einem beliebigen Faden, und achten Sie darauf, daß der Abstand zwischen den Rändern und der Stickerei stets gleichmäßig ist.

PFLEGEHINWEISE

Waschen Sie Ihre Stickerei ausschließlich von Hand. Beachten Sie dabei die Angaben auf den Stickgarn-Banderolen. Vor allem bei kräftigen Farben kann es vorkommen, daß eventuell überschüssige Farbe ausblutet.
Bügeln Sie die Stickerei immer von der linken Seite mit einem darübergelegten, feuchten Tuch bei geringer Temperatur.

⚓ **Anchor** *Sticktwist zur Wahl*

⚓ Anchor *Sticktwist —in 444 wunderschönen Farben mit seidig schimmerndem Glanz. Das leicht teilbare, sechsfädige*
⚓ Anchor *Stickgarn wird aus bester, langfaseriger Baumwolle hergestellt —in gleichbleibender, hochwertiger Qualität.*

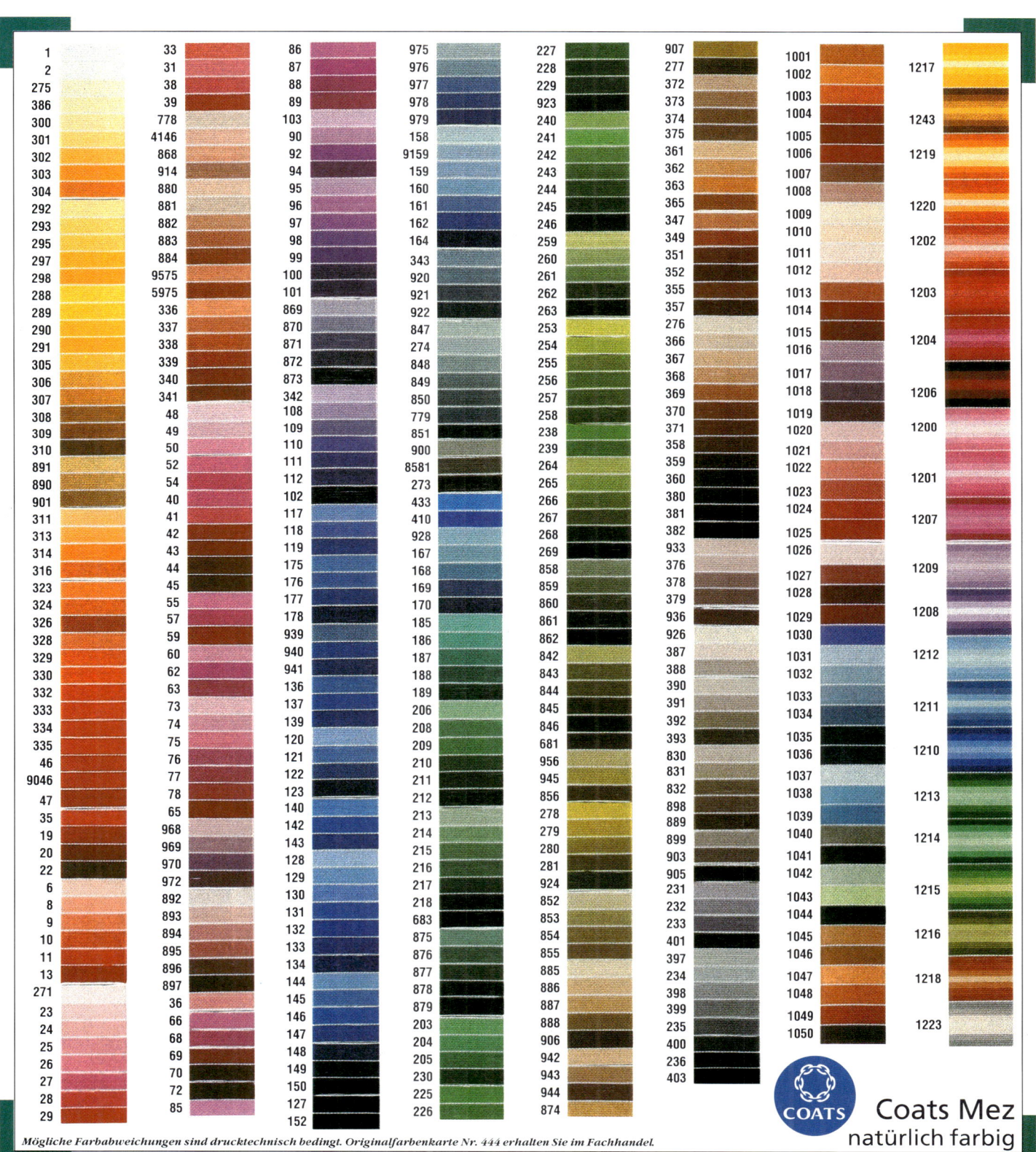

Adventskalender

LUSTIGE MOTIVE

Stoff: Baumwoll-Mischgewebe mit Lurex
ca. 49 Stiche = 10 cm
Stoffgröße: 80 x 90 cm
Fertiggröße: 57 x 67 cm
Stickgarn: ⚓ Anchor Sticktwist
Kreuzstich 3-fädig
Steppstich 2-fädig

Weiteres Zubehör: 1 Holzrahmen, kleine, goldene Sicherheitsnadeln für die Päckchen

1 KÄSTCHEN = 1 GEWEBEKARO

Sticken Sie die Motive mit einer Sticknadel Nr. 22 ohne Spitze (Kreuzstich) und einer Sticknadel Nr. 24 ohne Spitze (Steppstich) abbildungsgemäß auf den Stoff. Verteilen Sie die Zahlen beliebig. Lassen Sie den Adventskalender zum Schluß als Bild rahmen, oder verstürzen Sie die Stickerei mit einem festeren Stoff.

Die Päckchen befestigen Sie mit kleinen, goldenen Sicherheitsnädelchen.

Zählvorlagen auf Seite 20, 21 und 22

TANNENBAUM

Stoff: TILLA Baumwoll-Mischgewebe mit Lurex
ca. 40 Stiche = 10 cm
Stoffgröße: 58 x 73 cm
Fertiggröße: 55 x 70 cm
Stickgarn: ⚓ Anchor Sticktwist
Kreuzstich 6-fädig
Steppstich 4-fädig

Weiteres Zubehör: für die Rückseite Futterstoff oder Nessel (Zuschnitt 58 x 73 cm), 1 Päckchen Prym-Sicherheitsnadeln, Geschenk-Päckchen, Folie, 1 Rolle ⚓ Anchor Diadem, Farbe 300, gold

1 KÄSTCHEN = 1 GEWEBEKARO

Zum Sticken verwenden Sie eine Sticknadel Nr. 20 ohne Spitze. Sie beginnen 6,5 cm von der unteren und 21,5 cm von der rechten Stoffkante entfernt. Für die Zahlen benutzen Sie ⚓ Anchor Sticktwist Farbe 403 und sticken im Steppstich. Die Anordnung der Sterne wählen Sie frei. Nach dem Sticken Rückwand und Adventskalender rechts auf rechts legen, verstürzen und rundum knappkantig absteppen.

Zählvorlage auf Seite 22 und 23

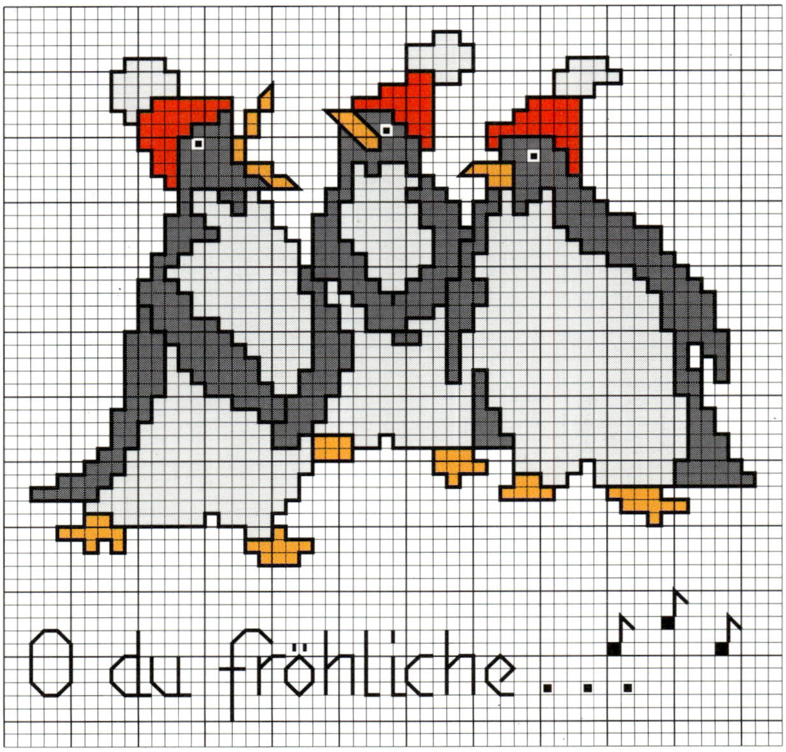
O du fröhliche . . .

2
13
303
400
403

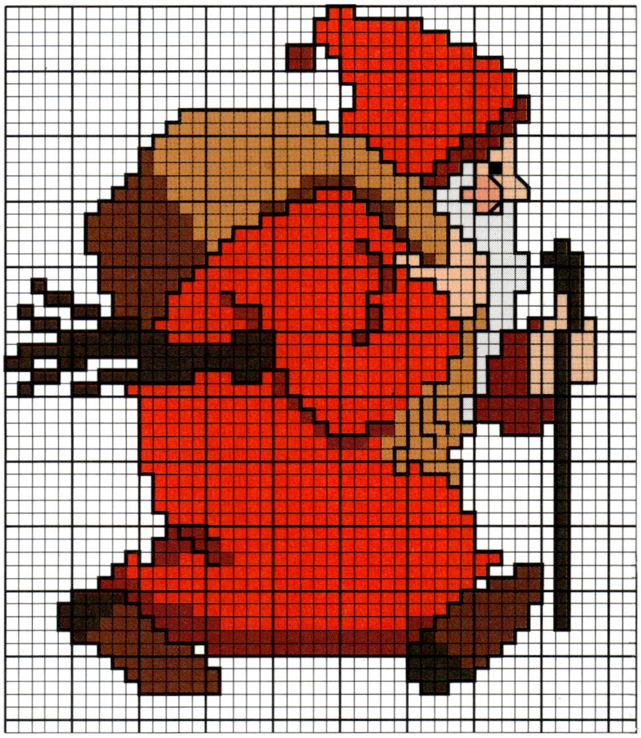

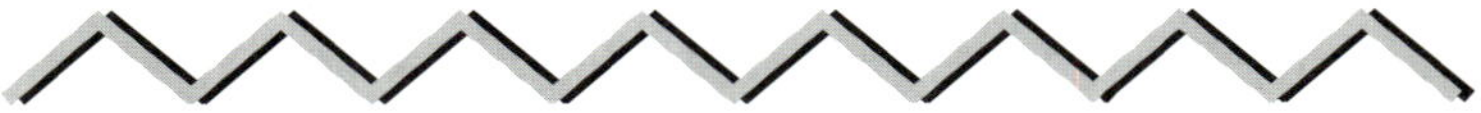

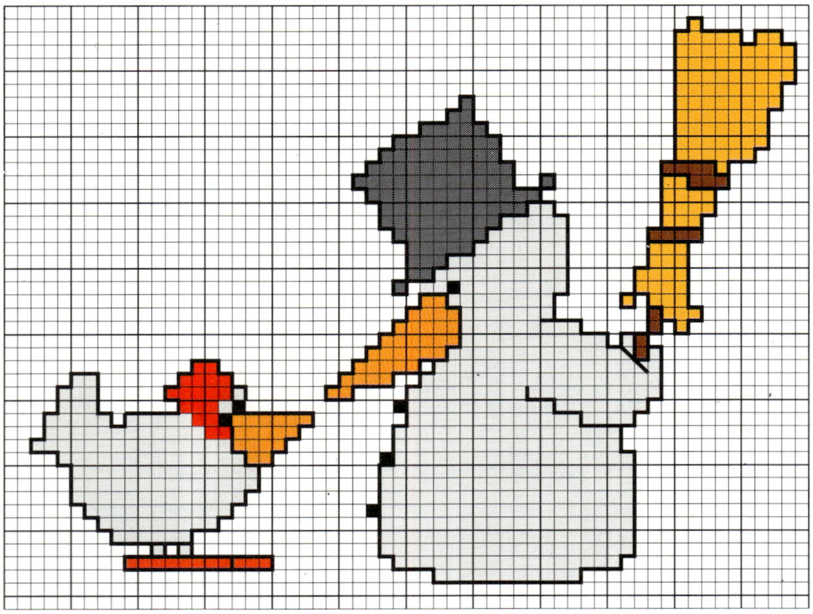

2
13
306
310
316
400
403

Zählvorlagen zu Seite 18, 30 und 31

Zählvorlage zu Seite 24, 25, 34, 76 und 77

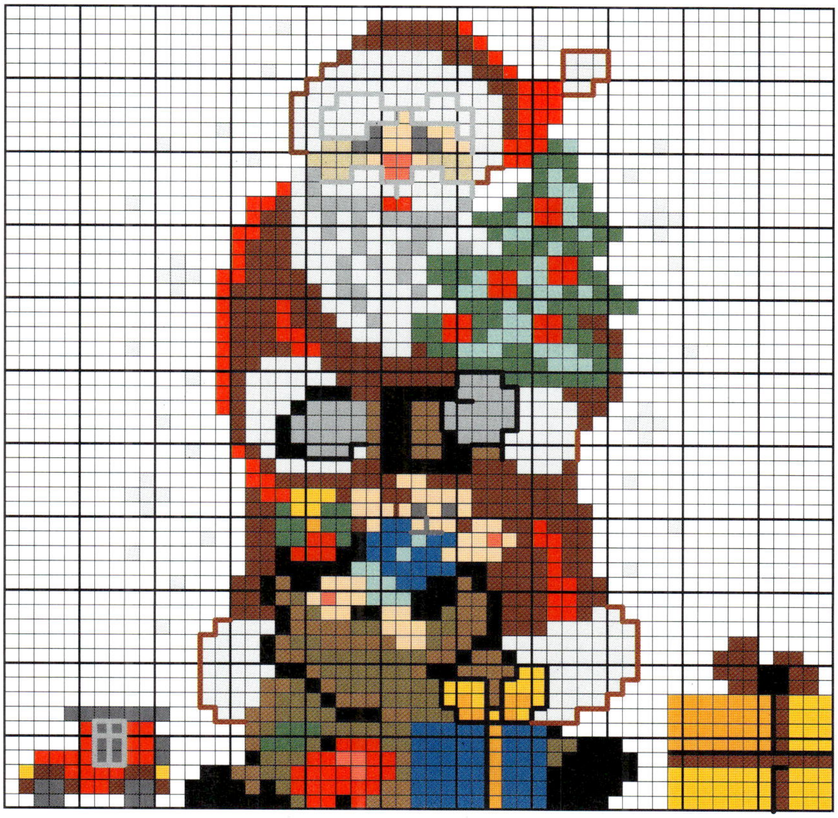

- 978
- 214
- 262
- 20
- 46
- 307
- 298
- 398
- 1
- 400
- 880
- 369
- 371
- 380
- 10

- 2
- 10
- 13
- 20
- 360
- 369
- 371
- 868

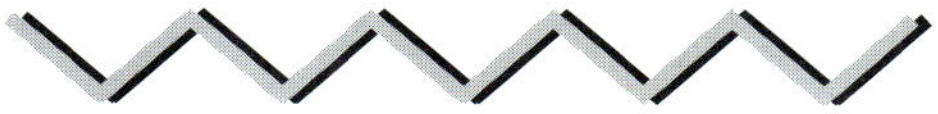

Zählvorlage zu Seite 18

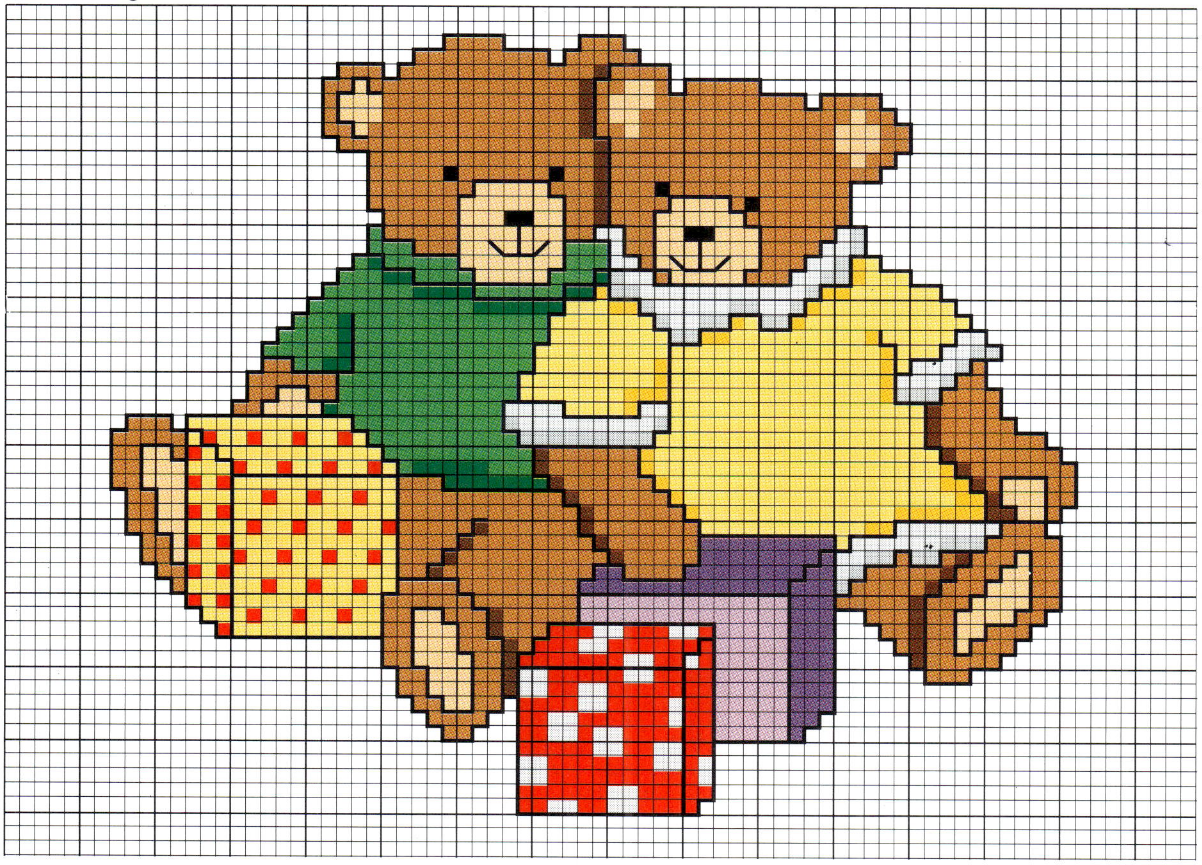

- 2
- 46
- 96
- 98
- 243
- 245
- 298
- 305
- 368
- 369
- 370
- 398
- 403

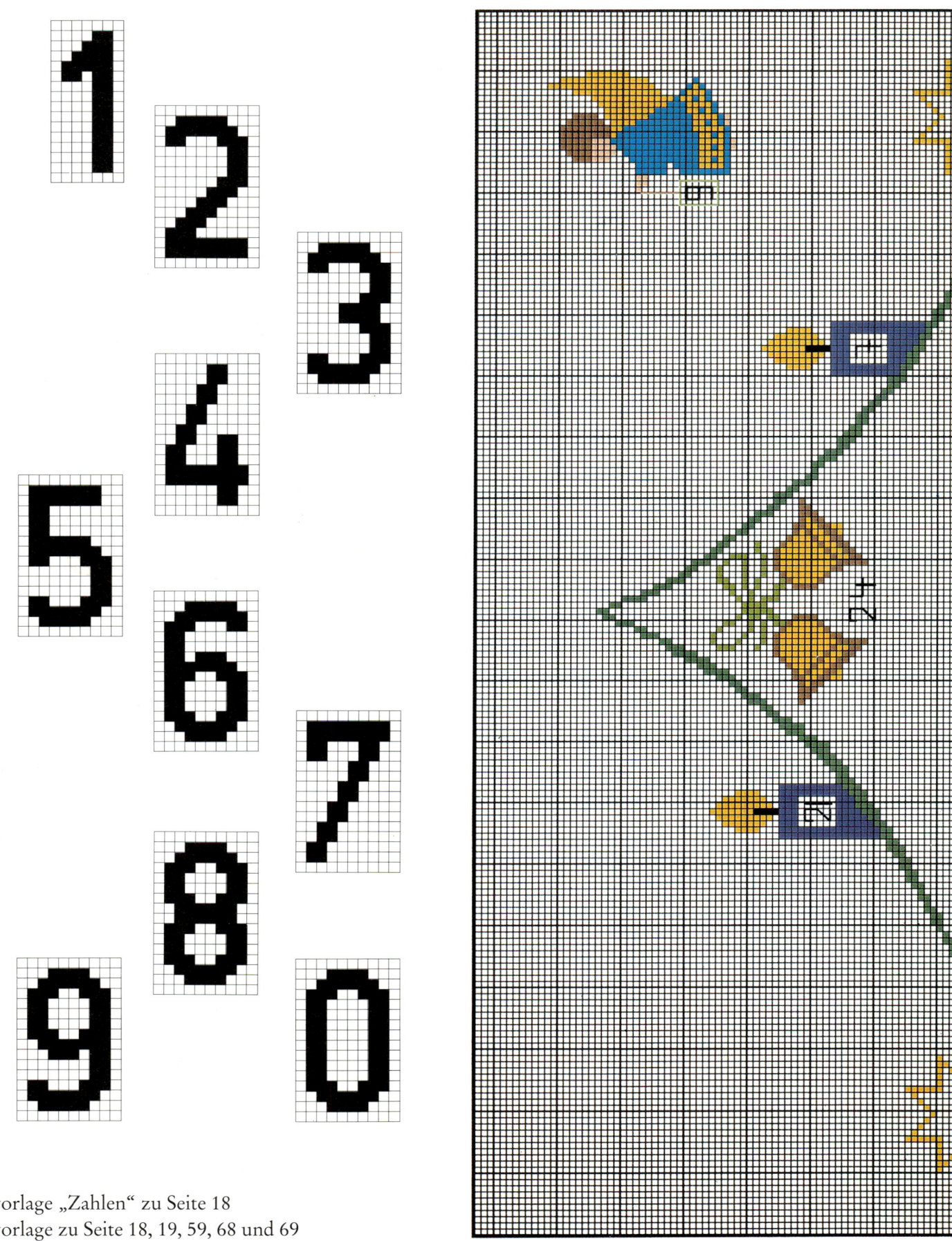

Zählvorlage „Zahlen" zu Seite 18
Zählvorlage zu Seite 18, 19, 59, 68 und 69

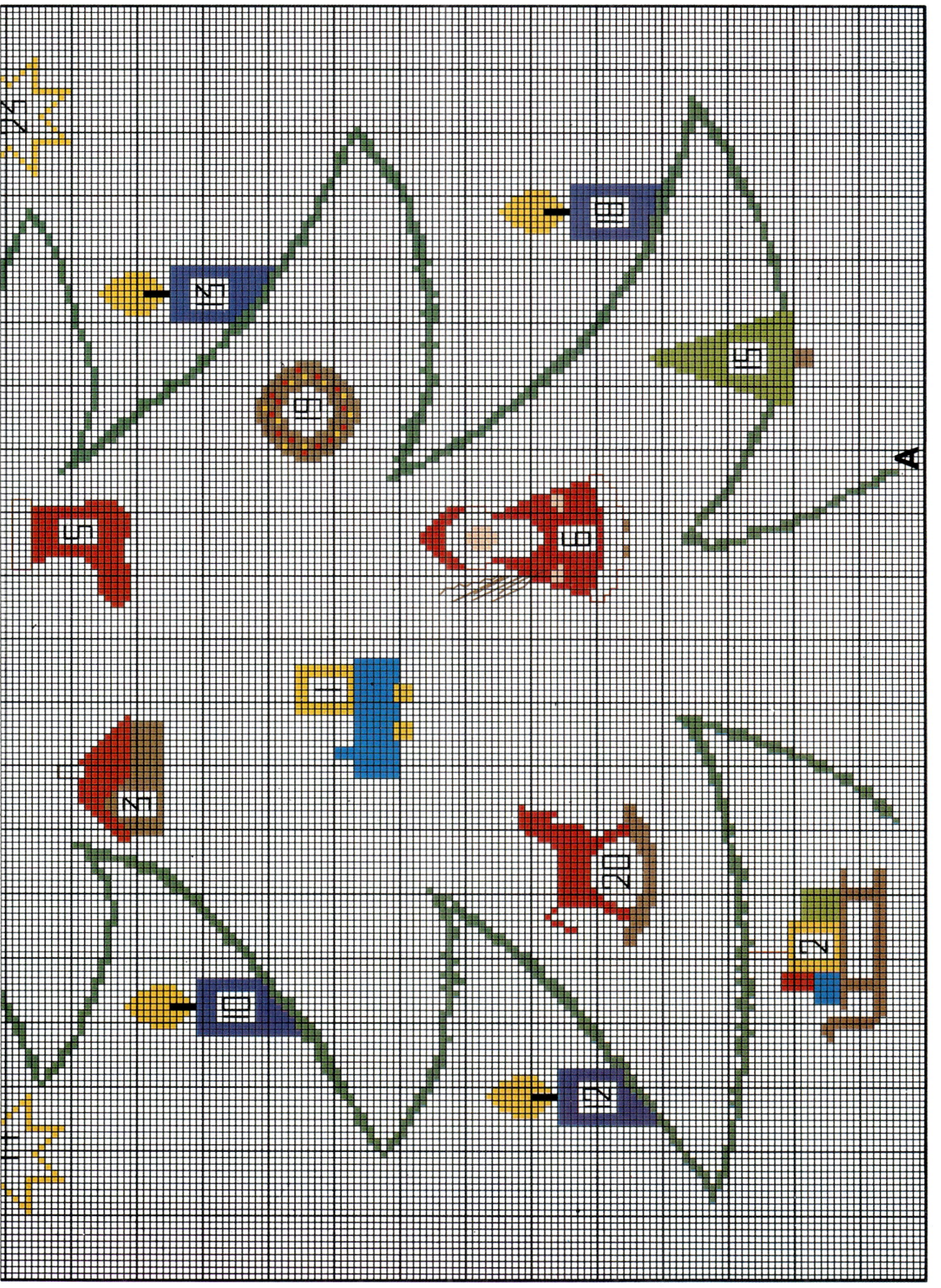

1
46/2
119/2
218/3
267
306/3
358/2
403
882
979

Weihnachtskarten

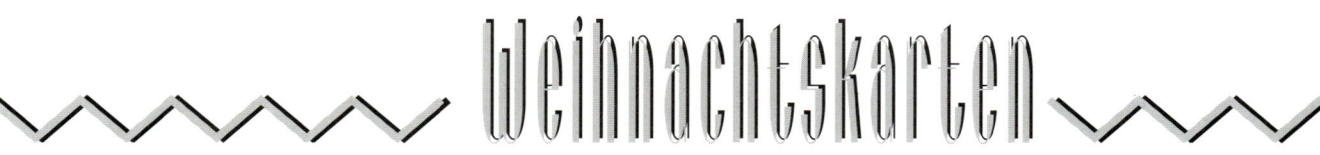

Bäumchen mit Herzen

Stoff: LUGANA Baumwoll-Mischgewebe
100 Fäden = ca. 10 cm
Stoffgröße: 25 x 15 cm
Fertiggröße: 22 x 11 cm

Nikolaus

Stoff: DUBLIN 100 % Reinleinen
100 Fäden = ca. 10 cm
Stoffgröße: 21 x 15 cm
Fertiggröße: 20,5 x 14 cm

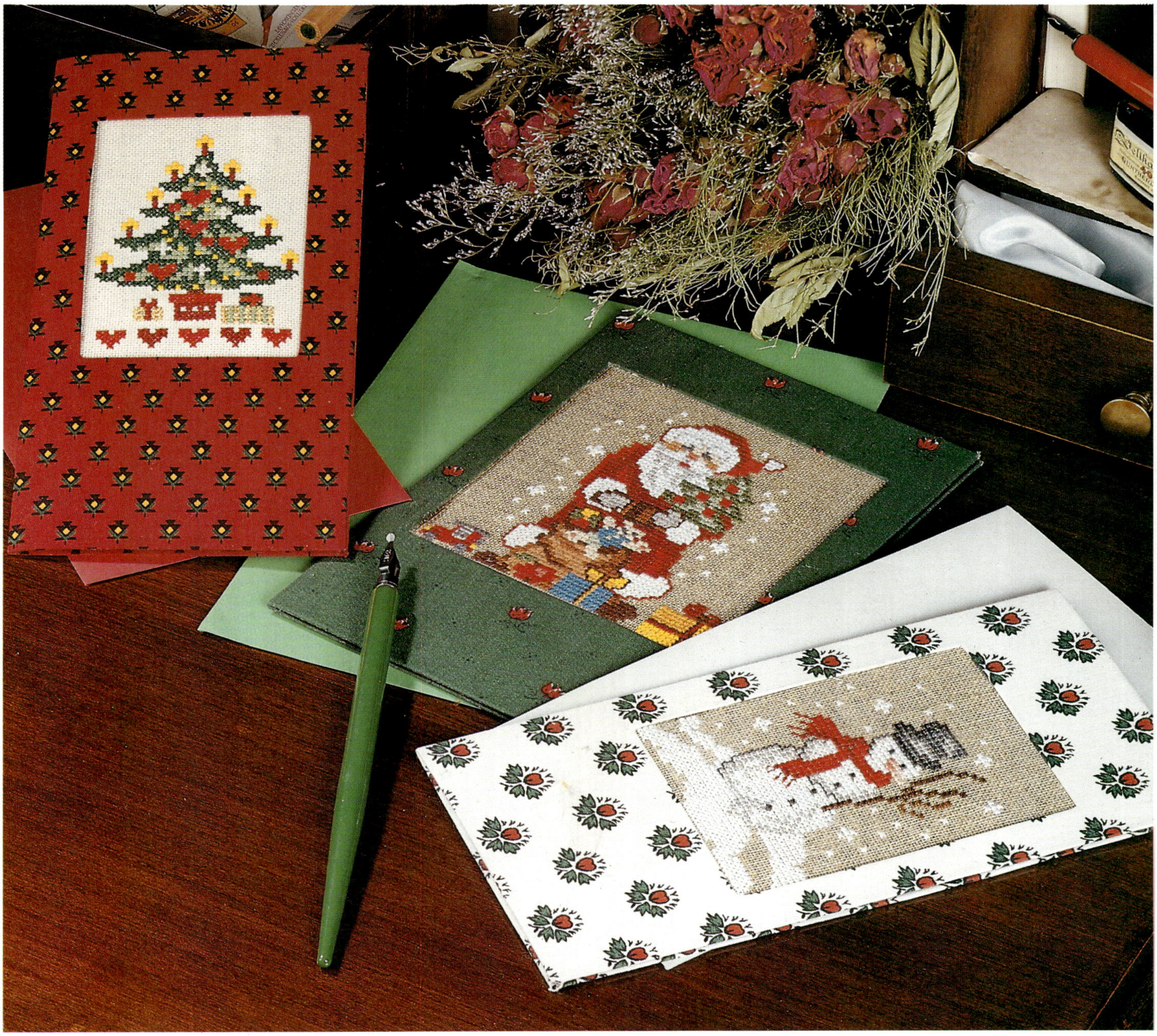

SCHNEEMANN

Stoff: DUBLIN 100 % Reinleinen
100 Fäden = ca. 10 cm
Stoffgröße: 25 x 15 cm
Fertiggröße: 22 x 11 cm

Stickgarn: ⚓ Anchor Sticktwist oder
⚓ Anchor Marlitt
Kreuzstich 3-fädig
Steppstich 3-fädig

Weiteres Zubehör: Karton, Rest von gemustertem Baumwollstoff

1 KÄSTCHEN =
2 x 2 GEWEBEFÄDEN

Sticken Sie die gewünschten Motive nach der Zählvorlage mit einer Sticknadel Nr. 22 ohne Spitze auf den angegebenen Stoff. Zum Ausfertigen schneiden Sie einen 21 x 22,5 cm großen Karton zu, den Sie in der Mitte zusammenklappen. Schneiden Sie auf der Vorderseite ein 8 x 11 cm großes Fenster aus. Beziehen Sie die Karte mit gemustertem Baumwollstoff. Am Fenster schneiden Sie den Stoff über Kreuz ein und klappen ihn nach hinten um. Die Stickerei schneiden Sie in der Größe einer Kartenhälfte zu und kleben sie hinter das Fenster. Die Kartengröße und die Fenstergröße können je nach Motiv in der Größe variieren.

Zählvorlage „Nikolaus" auf Seite 21

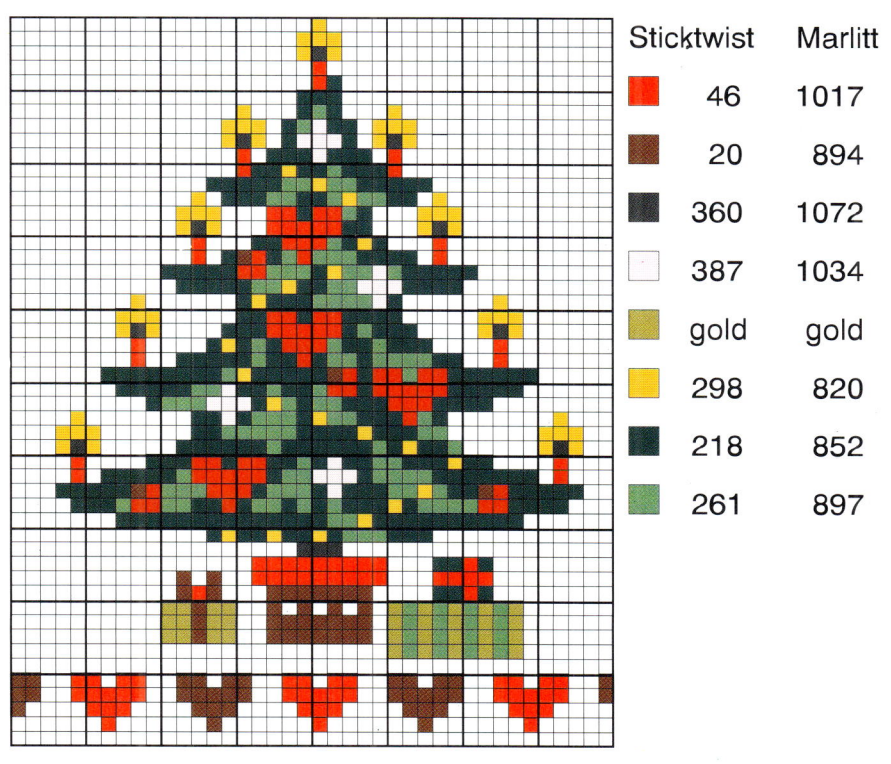

Sticktwist	Marlitt
46	1017
20	894
360	1072
387	1034
gold	gold
298	820
218	852
261	897

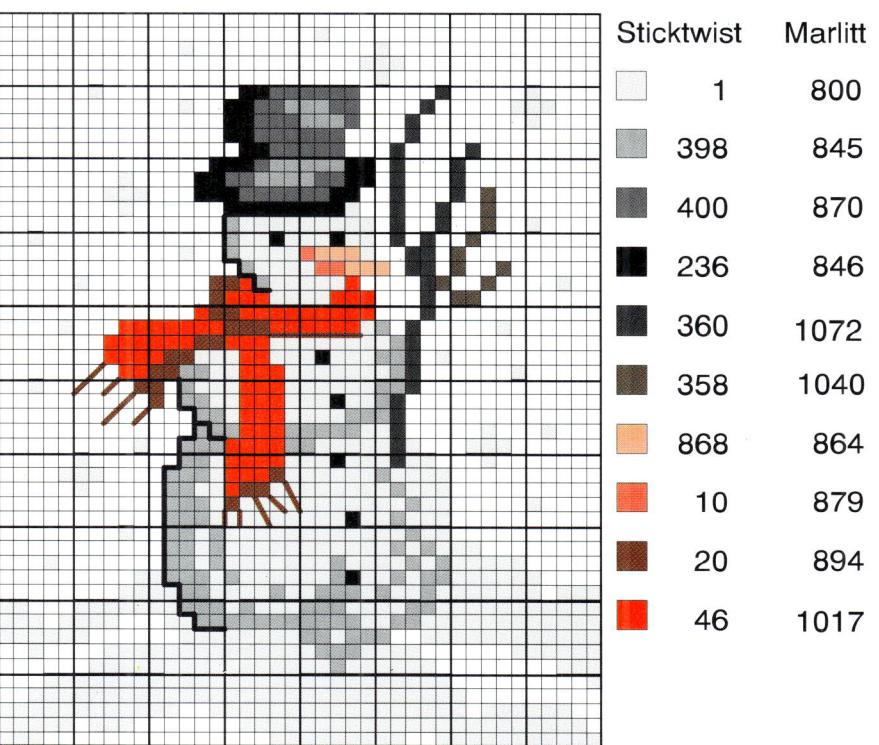

Sticktwist	Marlitt
1	800
398	845
400	870
236	846
360	1072
358	1040
868	864
10	879
20	894
46	1017

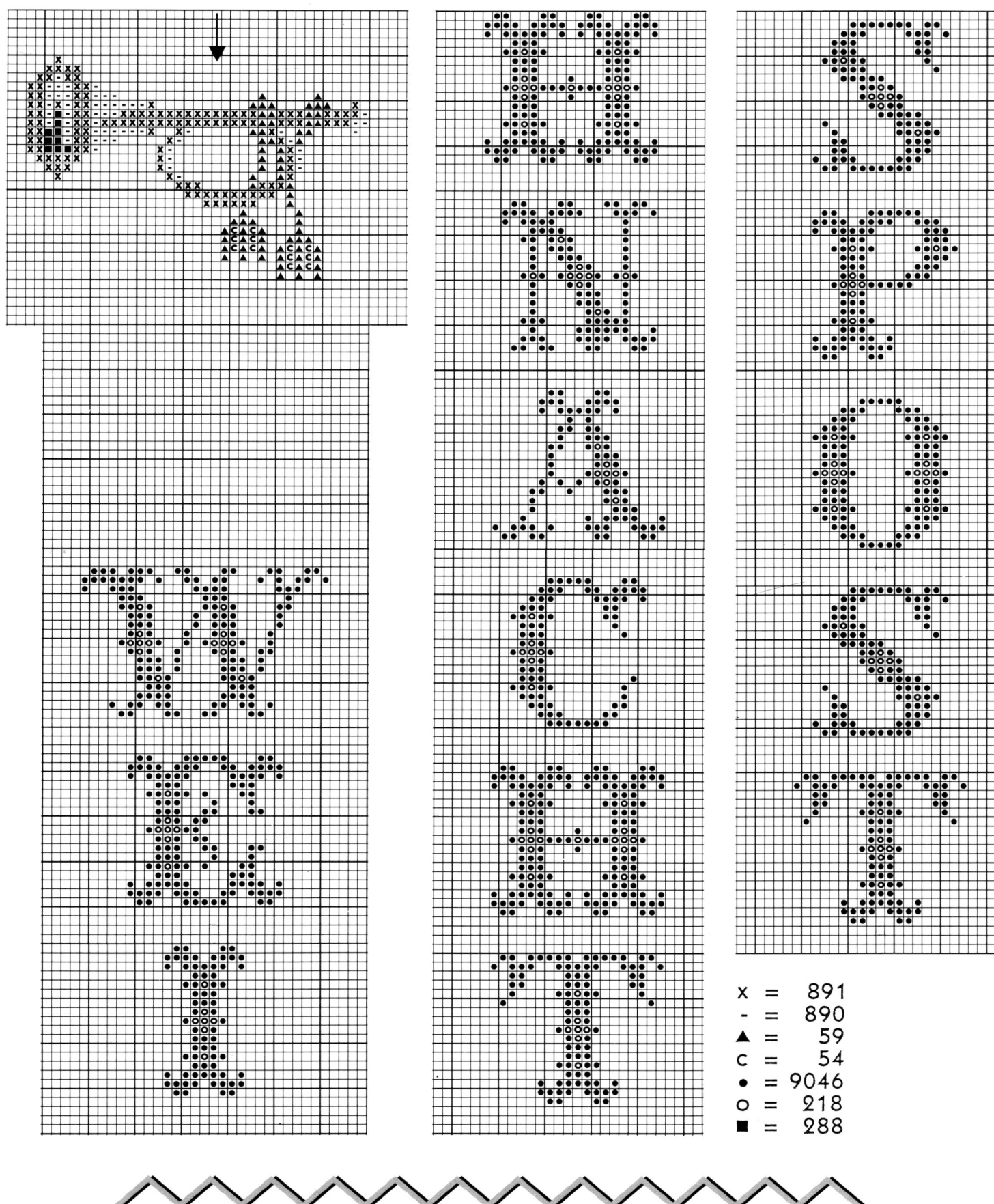

x = 891
- = 890
▲ = 59
c = 54
● = 9046
○ = 218
■ = 288

KERZE
GLOCKEN
TANNENBAUM

Stoff: FEINAIDA, Art. 3793
ca. 70 Stiche = 10 cm
Stoffgröße: 15 x 10.5 cm
Stickgarn: ⚓ Anchor Nordin

Weiteres Zubehör: Sprühkleber, Passepartouts

1 KÄSTCHEN = 1 GEWEBEKARO

Für diese Stickereien verwenden Sie
eine Sticknadel Nr. 24 ohne Spitze.
Sticken Sie die Glocken und den
Tannenbaum in die Mitte des jeweiligen
Stoffzuschnitts. Die Kerze setzen Sie

in die rechte untere Ecke, so daß sie
genau in das Fenster des Passepartouts
paßt.
Zum Schluß schneiden Sie die Stickerei
in der Größe der Karte zu und kleben
sie hinter das Passepartout.

Zählvorlagen auf Seite 29, 74 und 77

WEIHNACHTSPOST

Stoff: Leinen-Band mit Zierrand
Breite: 45 Kreuzstiche
Zuschnitt: 90 cm
Endformat: 85 cm
Stickgarn: ⚓ Anchor Nordin

Weiteres Zubehör: Mini-Wäsche-
klammern, Bügel für Aufhängung

1 KÄSTCHEN =
2 x 2 GEWEBEFÄDEN

Verwenden Sie eine Sticknadel Nr. 24
ohne Spitze. Sticken Sie das Motiv
Trompete und Weihnachtspost abbildungsgemäß auf das Band. Die Mitte
des Motivs ist auf der Zählvorlage mit
einem Pfeil gekennzeichnet.
Beenden Sie Ihre Arbeit mit einer
Tütenecke, wie auf Seite 14 beschrieben. Oben arbeiten Sie einen
doppelten Saum, durch den Sie den
Bügel schieben.

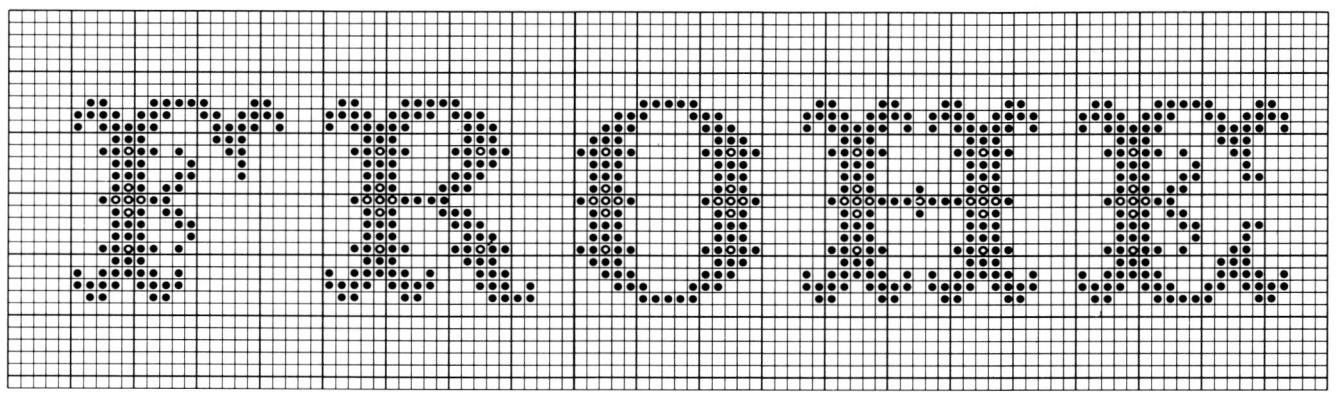

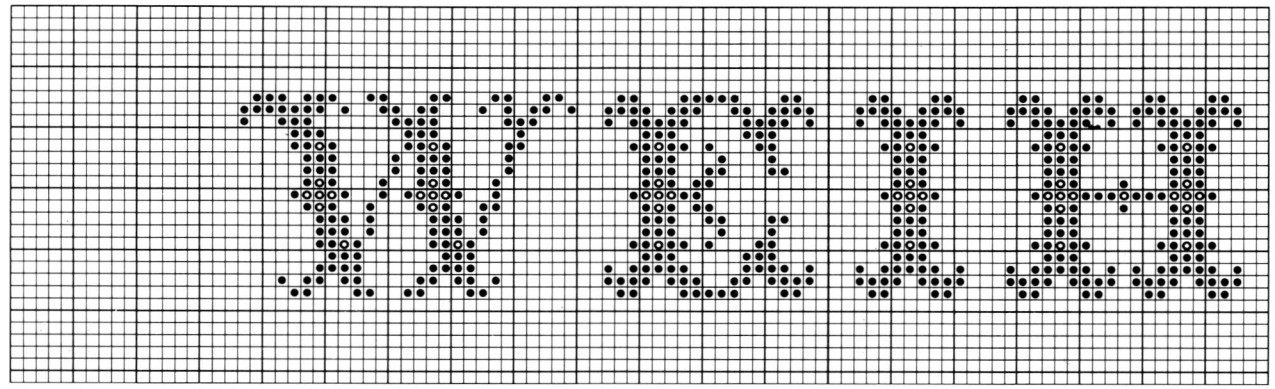

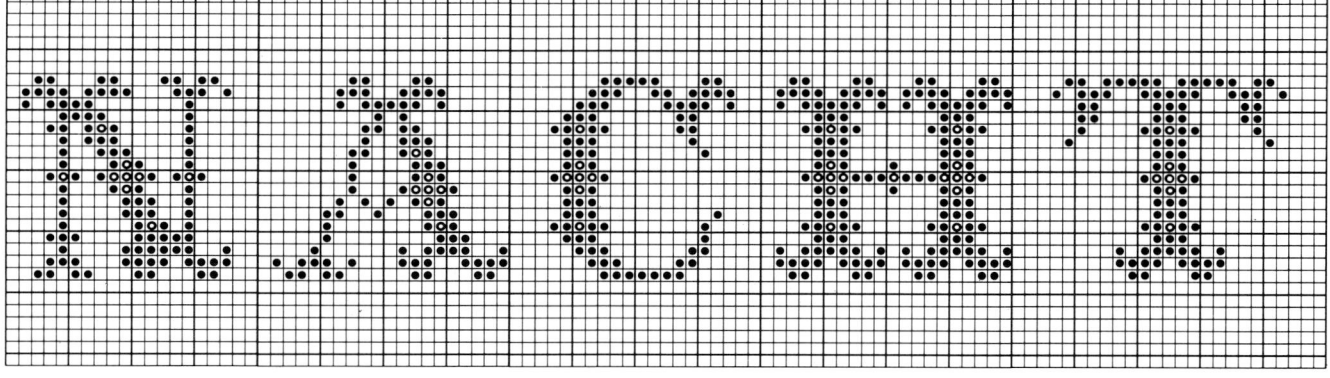

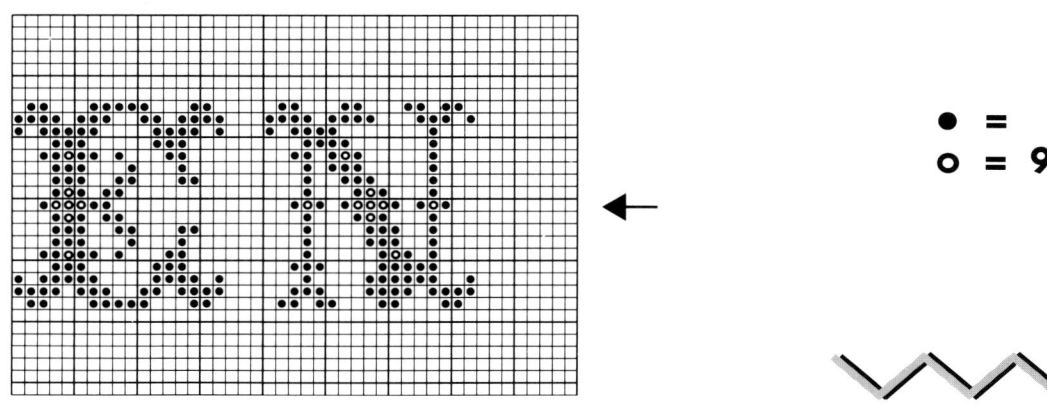

● = 218
○ = 9046

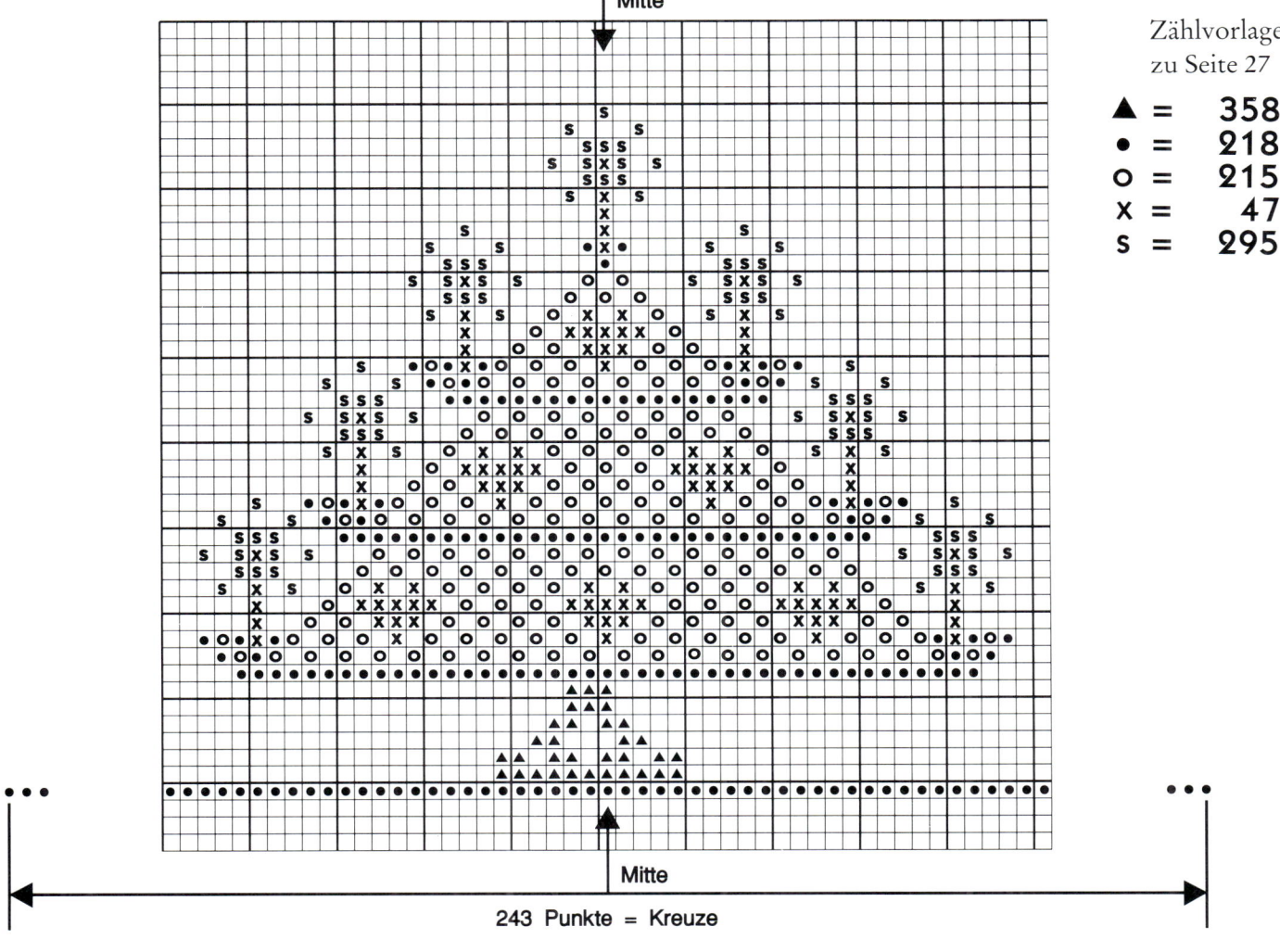

WEIHNACHTSBAND

Stoff: Leinen-Band mit Zierrand
Breite: 45 Kreuzstiche
Zuschnitt: 1,45 m
Stickgarn: ⚓ Anchor Nordin

1 KÄSTCHEN =
2 x 2 GEWEBEFÄDEN

Verwenden Sie eine Sticknadel Nr. 24 ohne Spitze. Sticken Sie den Schriftzug in die Mitte des Bandes. Die Mitte der Buchstaben ist in der Zählvorlage gekennzeichnet. Zum Schluß arbeiten Sie auf beiden Seiten einen doppelten Saum.

Mitte

Zählvorlage
zu Seite 27

▲ =	358
● =	218
○ =	215
x =	47
s =	295

Mitte

243 Punkte = Kreuze

Nikolaussäckchen

NIKOLAUS MIT SACK
SCHNEEMANN
PINGUINE

Stoff für die Säckchen:
Karostoff aus Baumwoll-Mischgewebe,
Grubentuch, Art. 7624
Stoffgröße: 30 x 100 cm
Fertiggröße: 27 x 40 cm

Stoff zum Besticken:
DUBLIN 100% Reinleinen
100 Fäden = ca. 10 cm
Stoffgröße: 20 x 20 cm
Fertiggröße: 18 x 18 cm
Stickgarn ⚓ Anchor Sticktwist
Kreuzstich 3-fädig
Steppstich 2-fädig

Weiteres Zubehör: Geschenkband

1 KÄSTCHEN =
2 x 2 GEWEBEFÄDEN

NIKOLAUS MIT SACK

Sticken Sie das Nikolausmotiv mit einer Sticknadel Nr. 22 ohne Spitze (Kreuzstich) und einer Sticknadel Nr. 24 ohne Spitze (Steppstich) nach der Zählvorlage auf das Reinleinen, und schneiden Sie es dann auf ca. 18 x 18 cm zu. Anschließend legen Sie den Karostoff an der langen Seite zusammen.

Auf die vordere Hälfte nähen Sie das gestickte Motiv mit einem Geschenkband auf. Schließen Sie nun die Seitennähte. Achten Sie darauf, daß nach ca. 31 cm die Naht ca. 2 cm für den Einzug des Geschenkbandes unterbrochen wird. Schlagen Sie an der oberen, versäuberten Kante ca. 10 cm Karostoff nach innen um. Zum Schluß steppen Sie ca. 8 cm von der oberen Kante einen Tunnel und ziehen das Geschenkband ein.

SCHNEEMANN UND PINGUINE

Arbeiten Sie die Modelle wie beim Modell „Nikolaus mit Sack" beschrieben. Beachten Sie, daß sich die Maße für das Reinleinen aufgrund der Motivgrößen ändern.

Zählvorlagen auf Seite 20

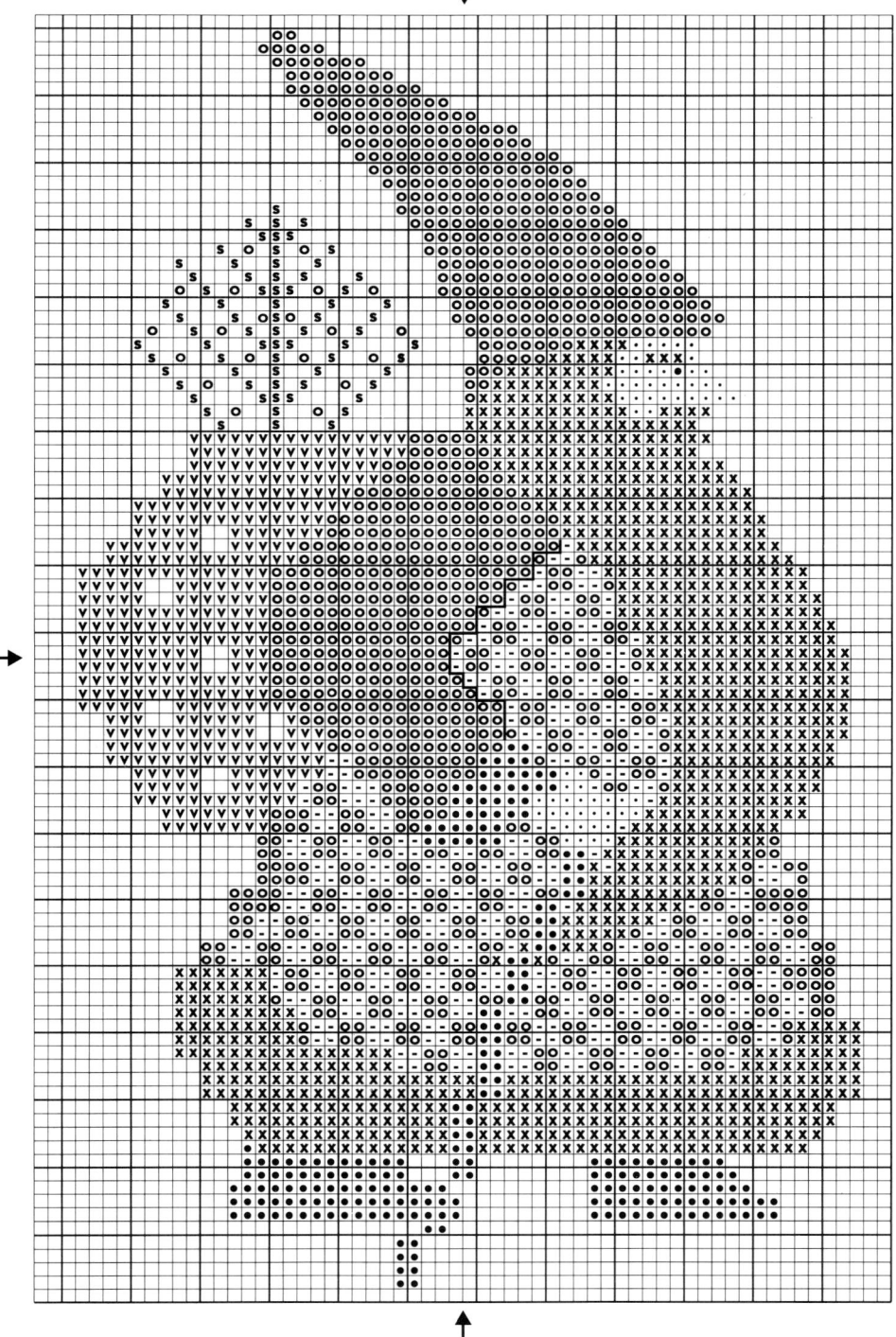

RUSTIKALES SÄCKCHEN

Stoff: DUBLIN 100% Reinleinen
100 Fäden = ca. 10 cm
Stoffgröße: 90 x 38 cm
Fertiggröße: 45 x 36 cm
Stickgarn: ⚓ Anchor Nordin

Weiteres Zubehör: Schrägband, 1,20 m
aus Nordin gedrehte Kordel

1 KÄSTCHEN =
2 x 2 GEWEBEFÄDEN

Verwenden Sie eine Sticknadel Nr. 24
ohne Spitze. Legen Sie den Stoffzuschnitt in der Mitte der langen Seite
zusammen. Auf die obere Hälfte
sticken Sie im Abstand von ca. 4 cm
von der Bruchkante entfernt den
Nikolaus. Schließen Sie die seitlichen
Nähte, und versäubern Sie die obere
offene Schnittkante mit einem Schrägstreifen.

o =	47	v =	218
- =	398 und Steppstich	s =	244
● =	403	x =	2
· =	391		

GEFÜTTERTES SÄCKCHEN

Stoff: DAVOSA 100% Baumwolle
71 Fäden = ca. 10 cm
Stoffgröße: 90 x 35 cm
Fertiggröße: 45 x 31 cm
Stickgarn: ⚓ Anchor Sticktwist
Kreuzstich 6-fädig
Steppstich 6-fädig

Weiteres Zubehör: passender Baumwollstoff für das Futter

1 KÄSTCHEN =
2 x 2 GEWEBEFÄDEN

Legen Sie den Stoffzuschnitt in der Mitte der langen Seite zusammen. Auf die obere Hälfte sticken Sie mit einer Sticknadel Nr. 20 ohne Spitze das Motiv. Schließen Sie die Seitennähte, und arbeiten Sie aus Baumwollstoff das gleiche Säckchen noch einmal. Achten Sie darauf, daß das Futter rechts auf rechts zusammengenäht wird. Das Futter wird mit der linken Seite nach außen in das fertige Säckchen gesteckt. Stülpen Sie das Futter ca. 1 cm nach außen und nähen es knappkantig fest. Arbeiten Sie zum Schluß ein Band aus dem gemusterten Stoff, damit Sie das Säckchen verschließen können.

Zählvorlage auf Seite 21

NIKOLAUSSTIEFEL

Stoff: DUBLIN 100% Reinleinen
100 Fäden = ca. 10 cm
Stoffgröße: 100 x 40 cm
Fertiggröße: 41 x 33 cm
Stickgarn: ⚓ Anchor Sticktwist
Kreuzstich 2-fädig
Steppstich 2-fädig

Weiteres Zubehör: gemusterter Baumwollstoff für das Futter (120 x 100 cm)

1 KÄSTCHEN =
2 x 2 GEWEBEFÄDEN

Sticken Sie das Motiv abbildungsgemäß mit einer Sticknadel Nr. 24 ohne Spitze. Danach pausen Sie die Form des Stiefels (Seite 90/91) auf Seidenpapier und schneiden diese aus. Nun können Sie den Schnitt des Stiefels so auflegen, daß das Nikolausmotiv in der Mitte plaziert wird. Schneiden Sie den Stoff zweimal (für die Rückseite) entsprechend des Schnittes aus. Die Nahtzugabe ist bereits im Schnitt enthalten. Schneiden Sie aus dem Baumwollstoff einen 115 cm langen, 4 cm breiten Schrägstreifen und fassen den Nikolausstiefel damit ein. Legen Sie das Futter rechts auf rechts zusammen und schneiden die Stiefelform noch einmal aus. Der Schaft wird um ca. 16 cm länger, damit man diesen nachher nach außen stülpen kann. Nähen Sie das Futter rechts auf rechts zusammen. Streichen Sie die Nahtzugabe aus und stecken das Futter in den Stiefel. Zum Schluß arbeiten Sie eine Schleife als Aufhängung.

Zählvorlage auf Seite 36 und 37

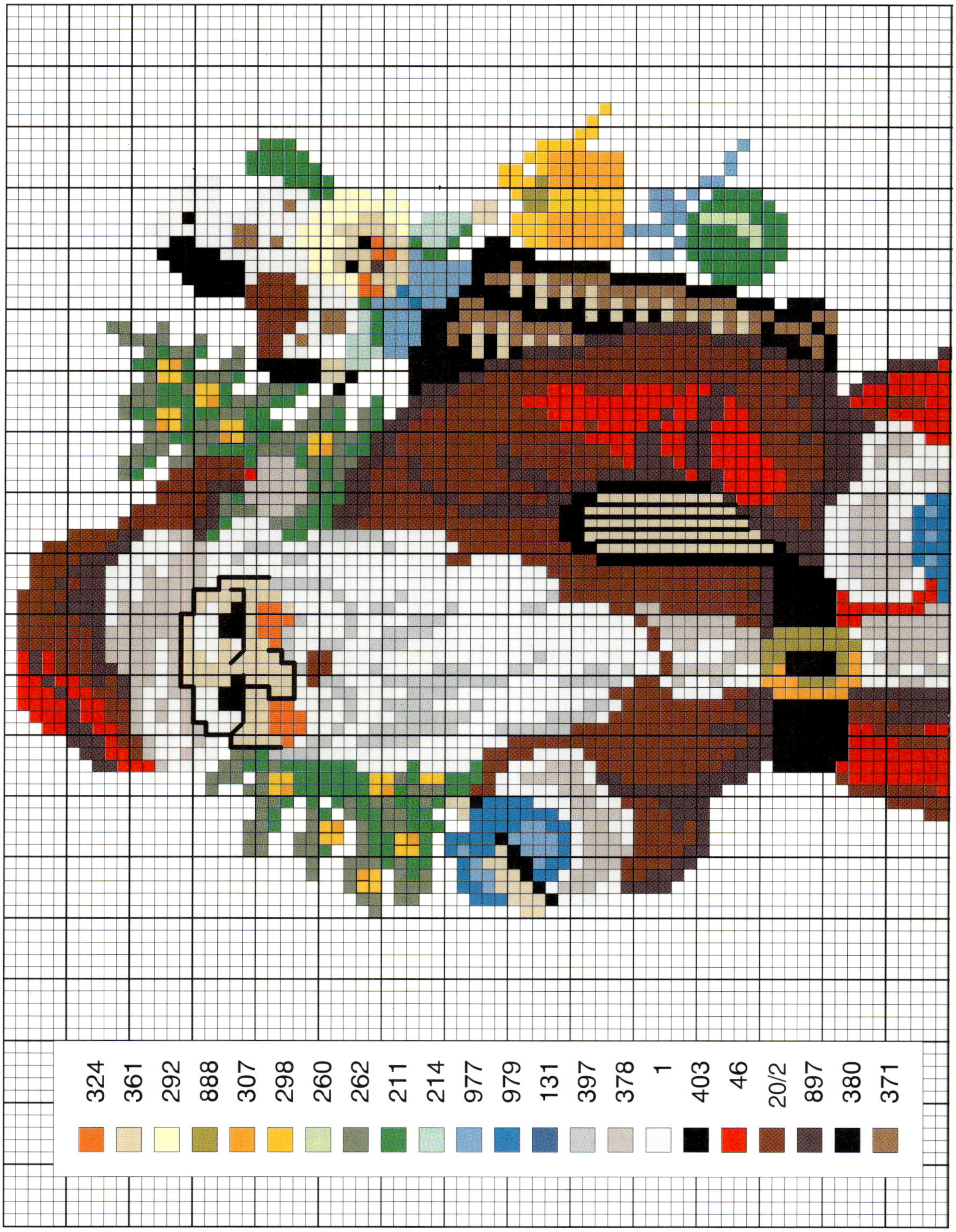

324	361	292	888	307	298	260	262	211	214	977	979	131	397	378	1	403	46	20/2	897	380	371

Zählvorlage zu Seite 34 und 35

Geschenkideen

LÄTZCHEN „STERNENPUTZER"

Stoff: BELLANA Baumwoll-Mischgewebe
80 Fäden = ca. 10 cm
Stoffgröße: 30 x 35 cm
Fertiggröße: 23 x 27 cm
Stickgarn: ⚓ Anchor Sticktwist
Kreuzstich 4-fädig
Steppstich 2-fädig

□	1
	301
	298
	241
	257
□	128
	977
	46
	368
	375
■	403

□	1
	295
	367
	893
	214
	977
	844
	393
	898
	360

Weiteres Zubehör: Schrägband

1 KÄSTCHEN =
2 x 2 GEWEBEFÄDEN

Beginnen Sie die Stickerei, für die Sie eine Sticknadel Nr. 22 ohne Spitze verwenden, mit dem mittleren Stern am Halsausschnitt. Falten Sie dazu den Stoff zur Mitte und messen dann von der oberen Stoffkante ca. 15 cm nach unten. Schneiden Sie das Lätzchen nach dem Schnitt aus (Seite 90/91) und fassen es mit einem Schrägstreifen ein.

SÄCKCHEN „SCHÄFER"

Stoff: BELLANA Baumwoll-Mischgewebe
80 Fäden = ca. 10 cm
Stoffgröße: 70 x 30 cm
Fertiggröße: 35 x 28 cm
Stickgarn: ⚓ Anchor Sticktwist
Kreuzstich 4-fädig
Steppstich 2-fädig

Weiteres Zubehör: Schrägband, 3 Stränge ⚓ Anchor Perlgarn 5 für die Kordel

1 KÄSTCHEN =
2 x 2 GEWEBEFÄDEN

Falten Sie den Stoff einmal zusammen und sticken das Motiv mit einer Sticknadel Nr. 22 ohne Spitze auf ein Stoffteil in die Mitte.
Nähen Sie die Seitennähte zusammen und fassen die obere Kante mit einem Schrägstreifen ein. Drehen Sie von dem angegebenen Garn eine Kordel.

DECKCHEN „WEIHNACHTSGANS"

Stoff: ANNABELLE Baumwollgewebe
112 Fäden = ca. 10 cm
Stoff-/Fertiggröße: 21 x 21 cm
Stickgarn: ⚓ Anchor Sticktwist
Kreuzstich 2-fädig
Steppstich 1-fädig

Weiteres Zubehör: Schrägstreifen

1 KÄSTCHEN =
2 x 2 GEWEBEFÄDEN

Sticken Sie die Gans mit einer Sticknadel Nr. 24 ohne Spitze in die Mitte
des Stoffes. Schneiden Sie dann nach
dem Schnitt (Seite 92/93) die ovale
Form aus und versäubern das Deckchen mit einem Schrägstreifen.

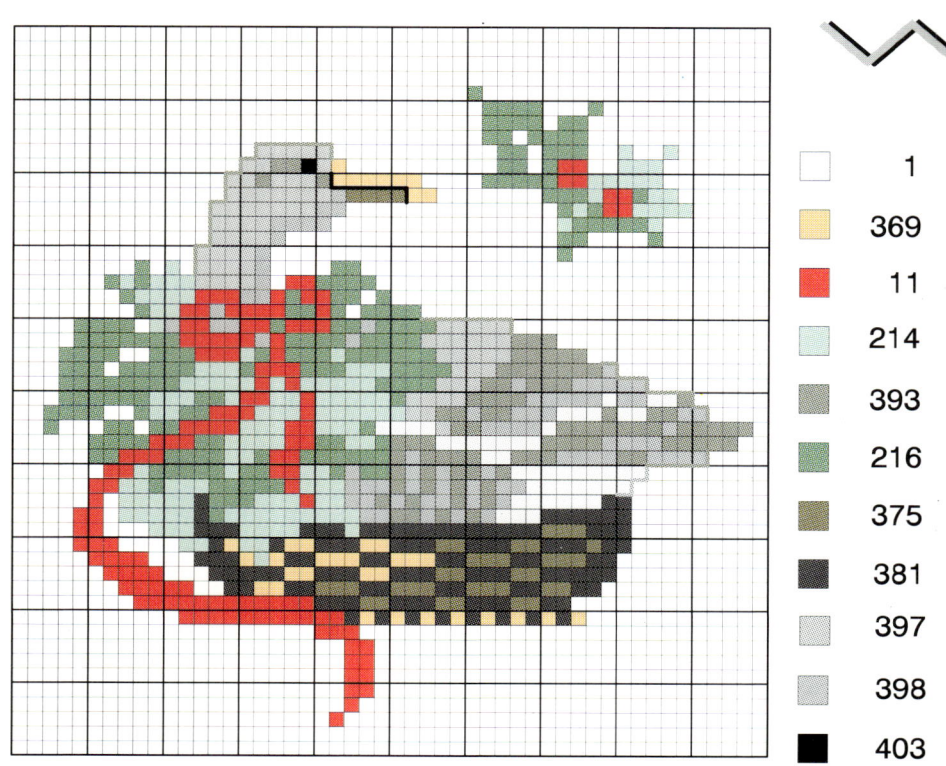

⬜	1
🟨	369
🟥	11
🟩	214
🟩	393
🟩	216
🟩	375
⬛	381
⬜	397
⬜	398
⬛	403

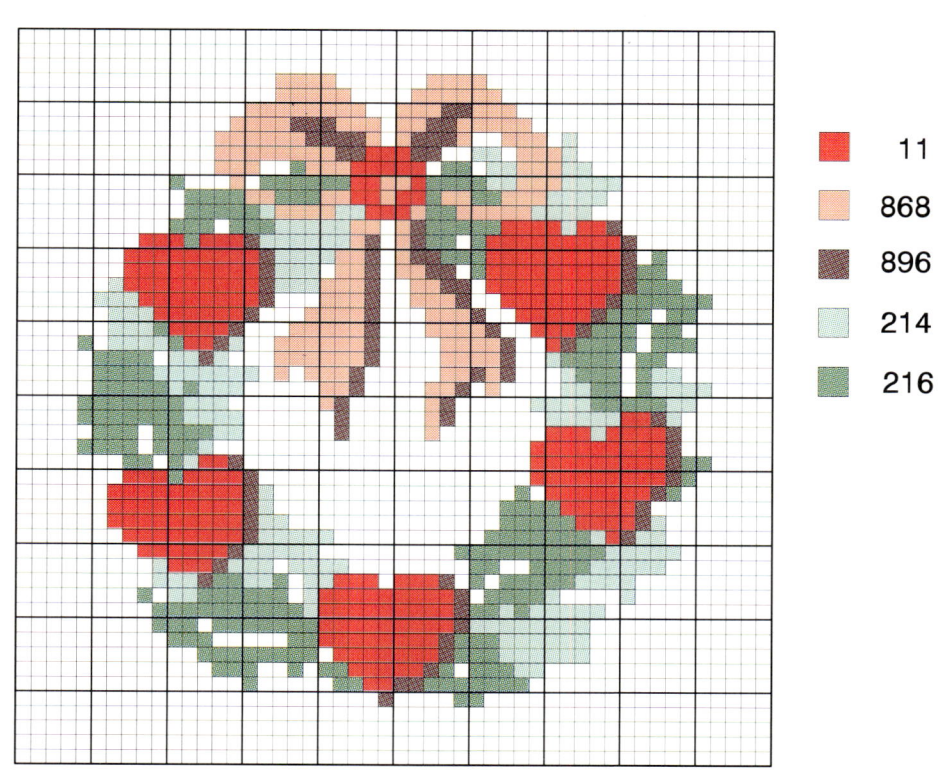

🟥	11
🟧	868
🟫	896
🟩	214
🟩	216

DECKCHEN UND BILD „ILEXKRANZ"

Stoff: ANNABELLE Baumwollgewebe
112 Fäden = ca. 10 cm
Stoff-/Fertiggröße Deckchen: 20 x 20 cm
Stoffgröße Bild: 23 x 23 cm
Fertiggröße Bild: 15 x 15 cm
Stickgarn: ⚓ Anchor Sticktwist
Kreuzstich 3-fädig

Weiteres Zubehör für das Deckchen: 1 Strang ⚓ Anchor Sticktwist für den Hohlsaum

1 KÄSTCHEN =
2 x 2 GEWEBEFÄDEN

Sticken Sie das Motiv mit einer Sticknadel Nr. 24 ohne Spitze auf den Stoff. Fertigen Sie das Deckchen mit einem Hohlsaum (siehe Seite 14) und 1,5 cm langen Fransen aus und rahmen das Bild.

41

Stoff: LUGANA Baumwoll-Mischgewebe
100 Fäden = ca. 10 cm
Stoffgröße: 20 x 20 cm
Fertiggröße: 13 x 13 cm
Stickgarn: ⚓ Anchor Sticktwist
Kreuzstich 3-fädig

Weiteres Zubehör: passender Baumwollstoff für die Rückseite, Volumenvlies, 3 Stränge ⚓ Anchor Perlgarn 3 für
die Kordel (ca. 90 cm), Mez-Garn

1 KÄSTCHEN =
2 x 2 GEWEBEFÄDEN

Sticken Sie das Motiv mit einer
Sticknadel Nr. 22 ohne Spitze in die
Mitte des Stoffes. Für die Rückseite
einen passenden Baumwollstoff mit der
Vorderseite rechts auf rechts zusam-
mennähen. Das Kissen mit Volumenvlies füllen. Drehen Sie mit dem Garn
eine Kordel und nähen diese an.

Zählvorlage auf Seite 40

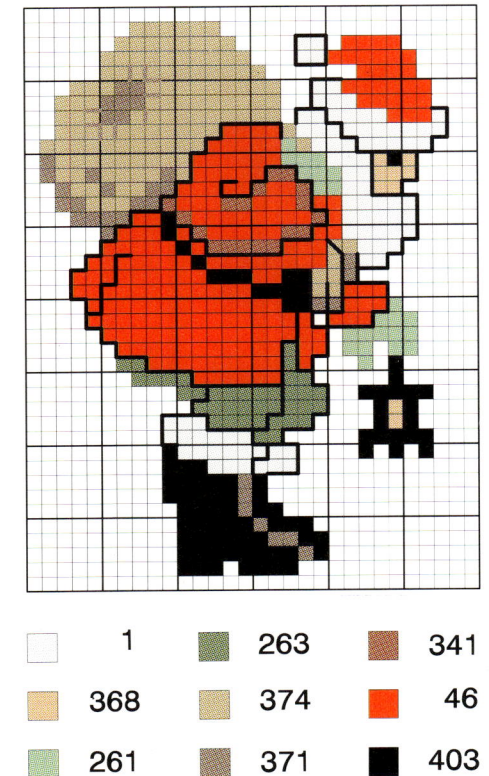

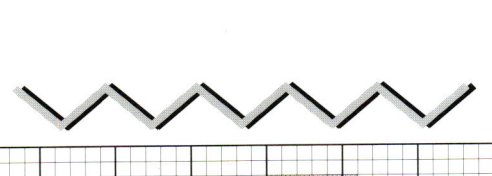

⬜ 1	🟩 263	🟫 341
🟨 368	🟨 374	🟧 46
🟩 261	🟫 371	⬛ 403

Stoff: LUGANA Baumwoll-Mischgewebe
100 Fäden = ca. 10 cm
Stoffgröße: 25 x 80 cm
Fertiggröße: 16 x 15 cm
Stickgarn: ⚓ Anchor Sticktwist
Kreuzstich 3-fädig
Steppstich 3-fädig

Weiteres Zubehör: 2 Stränge ⚓ Anchor
Perlgarn 3 für die Kordel, Holzknopf

1 KÄSTCHEN =
2 x 2 GEWEBEFÄDEN

Pausen Sie sich den Schnitt (Motiv A
und B auf Seite 92/93) ab und legen
ihn auf den Stoff auf. Sticken Sie den
Nikolaus mit einer Sticknadel Nr. 22
ohne Spitze auf Teil A. Schneiden Sie
nun das gesamte Teil plus Nahtzugabe
nochmals zu, nähen dieses Teil mit dem
bestickten Teil rechts auf rechts zusammen und verstürzen sie.
Schneiden Sie dann Teil B (plus 2 cm
an der oberen Kante) zu und steppen
es, wie die gestrichelte Linie zeigt, um. Nähen Sie nun dieses
Beutelteil, das Sie
auch rundum knapp-
kantig abgesteppt ha-
ben, auf die Tasche.
Zum Umhängen der
Tasche drehen Sie eine
Kordel und befesti-
gen einen Holz-
knopf als Verschluß
(siehe X im Schnitt).

⬜	1
🟨	11
🟧	330
🟫	340
🟥	214
🟦	977
🟩	368
🟨	374
🟫	371
🟪	273
⬛	360
⬛	403

BILDCHEN „GLOCKE"

Stoff: LUGANA Baumwoll-Mischgewebe
100 Fäden = ca. 10 cm
Stoffgröße: 15 x 15 cm
Fertiggröße: 8 x 8 cm
Stickgarn: ⚓ Anchor Sticktwist
Kreuzstich 3-fädig
Steppstich 3-fädig

Weiteres Zubehör: 1 ⚓ Anchor Flexi-Hoop, rund, ⌀ 8 cm, Satinband für die Aufhängung

1 KÄSTCHEN =
2 x 2 GEWEBEFÄDEN

Nehmen Sie hierfür die Zählvorlage vom Band „Engel und Glocken" (Seite 44) und sticken das Motiv mit einer Sticknadel Nr. 22 ohne Spitze. Fertigen Sie das Bild mit dem Rahmen aus und nehmen als Aufhängung ein Satinband.

Beschreibung Weihnachtskarte „Nikolaus" auf Seite 44

Weihnachtskarte „Nikolaus"
Abb. Seite 43

Stoff: LUGANA Baumwoll-Mischgewebe
100 Fäden = ca. 10 cm
Stoffgröße: 15 x 20 cm
Fertiggröße: 10 x 14 cm
Stickgarn: ⚓ Anchor Sticktwist
Kreuzstich 3-fädig
Steppstich 2-fädig

Weiteres Zubehör: 1 Passepartout

1 KÄSTCHEN =
2 x 2 GEWEBEFÄDEN

Sticken Sie den Nikolaus mit einer Sticknadel Nr. 22 ohne Spitze auf den Stoff. Nehmen Sie ein fertiges Passepartout, oder fertigen Sie sich eines nach eigenen Maßen an.

Zählvorlage auf Seite 42

Band „Engel und Glocken"

Stoff: Stickband „Reinleinen", Art. 7272
Breite: 25 Kreuzstiche
Zuschnitt: 145 x 8 cm
Stickgarn: ⚓ Anchor Sticktwist
Kreuzstich 3-fädig
Steppstich 2-fädig

1 KÄSTCHEN =
2 x 2 GEWEBEFÄDEN

Sticken Sie die Engel und Glocken mit einer Sticknadel Nr. 22 ohne Spitze auf das Band. Arbeiten Sie das Band an beiden Enden zu einer Tütenecke aus (siehe Seite 14).

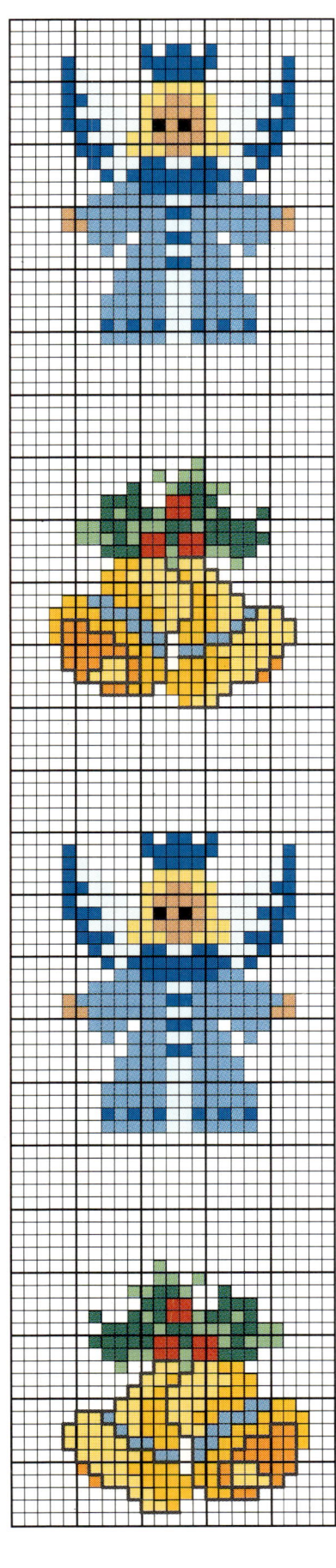

	301
	298
	307
	368
	13
	128
	977
	132
	241
	217
	381

Bildchen „Engel"

Stoff: LUGANA Baumwoll-Mischgewebe
100 Fäden = ca. 10 cm
Stoffgröße: 15 x 12 cm
Fertiggröße: 9 x 6 cm
Stickgarn: ⚓ Anchor Sticktwist
Kreuzstich 3-fädig

Weiteres Zubehör: 1 ⚓ Anchor Flexi-Hoop, oval, 9 x 6 cm, Satinband

1 KÄSTCHEN =
2 x 2 GEWEBEFÄDEN

Sticken Sie den Engel mit einer Sticknadel Nr. 22 ohne Spitze. Rahmen Sie die Stickerei. Als Aufhänger können Sie ein Satinband nehmen.

STERN „WEIHNACHTSPUTTE"

Stoff: LUGANA Baumwoll-Mischgewebe
100 Fäden = ca. 10 cm
Stoffgröße: 30 x 30 cm
Fertiggröße: 22 x 22 cm
Stickgarn: ⚓ Anchor Sticktwist
Kreuzstich 3-fädig
Steppstich 2-fädig

Weiteres Zubehör: Volumenvlies, Schrägstreifen

1 KÄSTCHEN =
2 x 2 GEWEBEFÄDEN

Sticken Sie die Putte mit einer Sticknadel Nr. 22 ohne Spitze in die Mitte des Stoffes. Verwenden Sie den Sternenschnitt (Seite 93) und schneiden die Stickerei, ein Stoffteil für die Rückseite und ein Teil Volumenvlies (zum Abfüttern) danach aus. Heften Sie alle drei Lagen zusammen und fassen den Stern mit einem schmalen Schrägband ein.

☐	1	☐	128
☐	387	▨	977
▨	367	▨	374
☐	369	▨	371
▨	893	■	381
▨	896		

Türherz „O Tannenbaum"

Stoff: LUGANA Baumwoll-Mischgewebe
100 Fäden = ca. 10 cm
Stoffgröße: 30 x 30 cm
Fertiggröße: 22 x 22 cm
Stickgarn: ⚓ Anchor Sticktwist
Kreuzstich 3-fädig
Steppstich 2-fädig

Weiteres Zubehör: gemusterter Baumwollstoff, Volumenvlies, Satinband

1 KÄSTCHEN =
2 x 2 GEWEBEFÄDEN

Falten Sie den Stoff einmal zur Mitte und beginnen dann 7 cm vom oberen Stoffrand entfernt mit der Spitze des Tannenbaums (Sticknadel Nr. 22 ohne Spitze). Übertragen Sie die Form des Herzens vom Schnittbogen (Seite 93) auf Seidenpapier und legen es auf das Gestickte. Schneiden Sie das Herz dann mit ca. 0,7 cm Nahtzugabe zu.

Für die Rückseite schneiden Sie gemusterten Baumwollstoff und für die Einlage Volumenvlies zu. Heften und steppen Sie alle drei Lagen zusammen und versäubern diese mit einem passenden Satinschrägstreifen. Zum Schluß nähen Sie eine Schlaufe als Aufhänger.

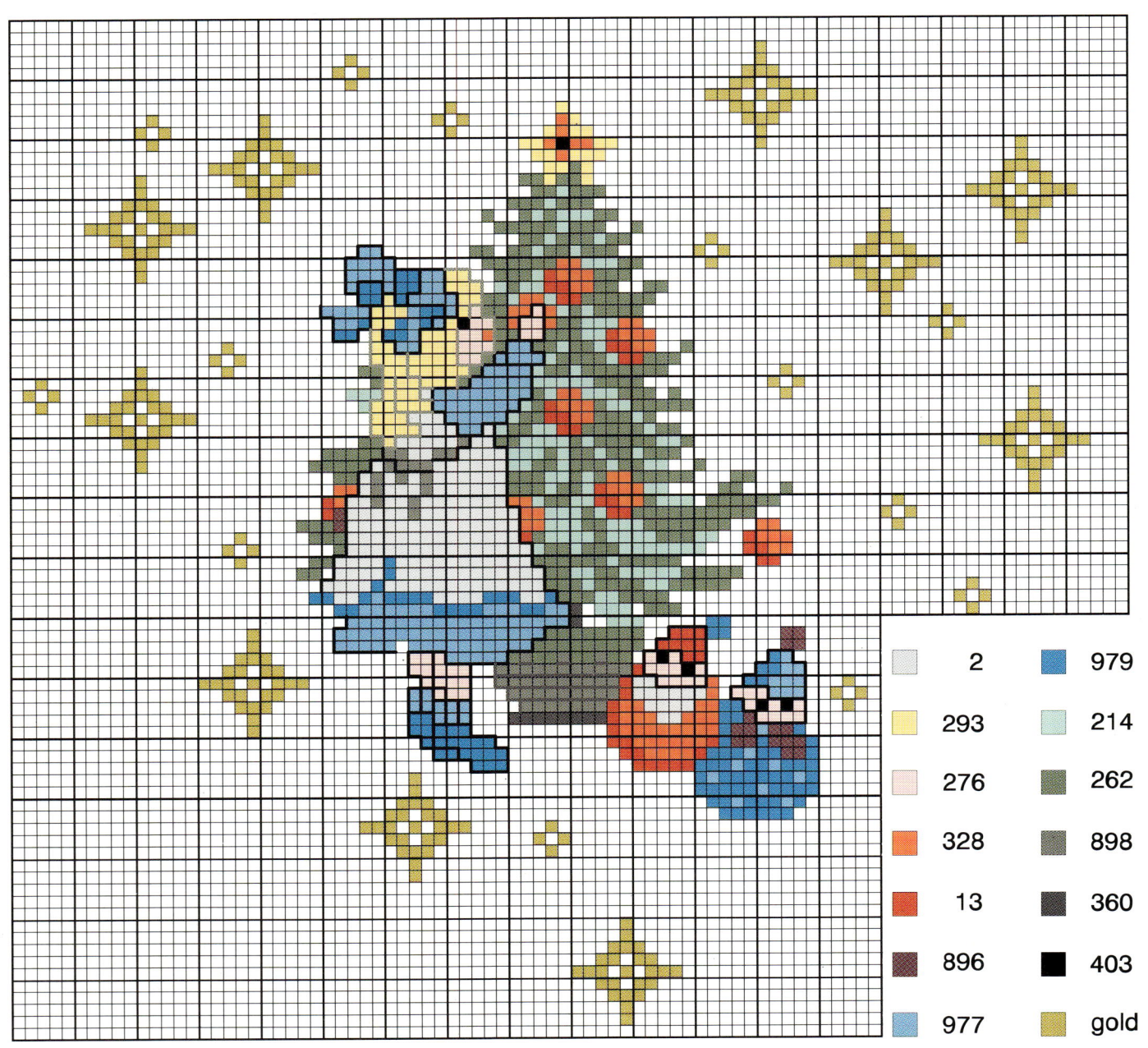

	2		979
	293		214
	276		262
	328		898
	13		360
	896		403
	977		gold

TISCHBAND „MISTELN"

Stoff: Aida-Band mit Schmuckkante,
Art. 7230, 100% Baumwolle
Breite: 65 Stiche
Zuschnitt: 180 x 14 cm
Endformat: 160 x 14 cm
Stickgarn: ⚓ Anchor Sticktwist
Kreuzstich 2-fädig
Steppstich 2-fädig

1 KÄSTCHEN = 1 GEWEBEKARO

Beginnen Sie ca. 30 cm vom Rand das Endmotiv des Mistelzweigs mit einer Sticknadel Nr. 24 ohne Spitze zu sticken. Danach arbeiten Sie den Rapport ab R so oft wie möglich auf das Band. Nähen Sie zum Schluß auf beiden Seiten eine Tütenecke (siehe Seite 14).

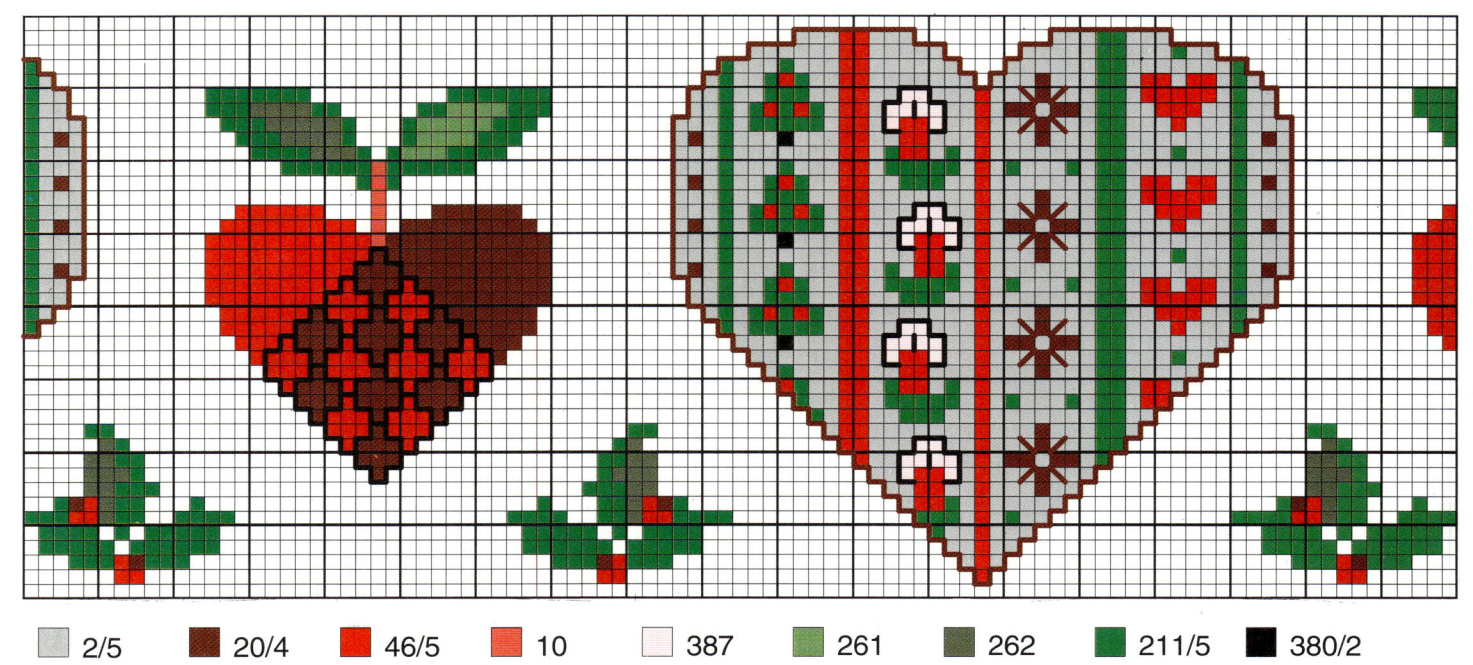

| | 2/5 | | 20/4 | | 46/5 | | 10 | | 387 | | 261 | | 262 | | 211/5 | | 380/2 |

TISCHBAND „HERZEN"

Stoff: 100% Leinen-Band mit Zierrand, Art. 7273
Breite: 42 Kreuzstiche
Zuschnitt: 180 x 12 cm
Endformat: 170 x 12 cm
Stickgarn: ⚓ Anchor Sticktwist
Kreuzstich 3-fädig
Steppstich 3-fädig

1 KÄSTCHEN =
2 x 2 GEWEBEFÄDEN

Beginnen Sie (Sticknadel Nr. 22 ohne Spitze) mit einem roten Herz, sticken Sie dann immer im Wechsel ein rotes und ein weißes. Wenn ca. sechs weiße Herzen gestickt sind, beenden Sie die Stickerei mit einem roten Herz. Natürlich können Sie die Stickerei beliebig fortsetzen. Zum Schluß nähen Sie auf beiden Seiten eine Tütenecke (siehe Seite 14).

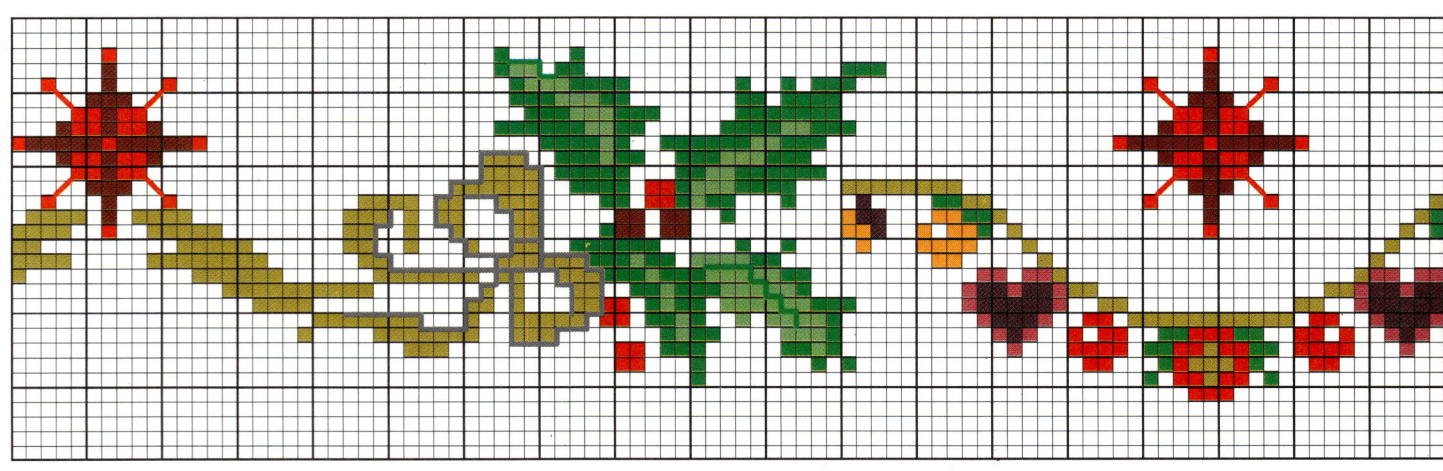

TISCHBAND „ILEX"

Stoff: 100% Leinen-Band mit Zierrand,
Art. 7272
Breite: 26 Kreuzstiche
Zuschnitt: 200 x 8 cm
Endformat: 190 x 8 cm
Stickgarn: ⚓ Anchor Sticktwist
Kreuzstich 2-fädig
Steppstich 2-fädig

1 KÄSTCHEN =
2 x 2 GEWEBEFÄDEN

Sticken Sie das Motiv mit einer
Sticknadel Nr. 24 ohne Spitze ca.
sechsmal auf ein Band. Achten Sie
darauf, daß die Stickerei mit einer
Schleife beginnt und mit einer
Schleife endet. Nähen Sie an beiden Enden eine
Tütenecke (siehe Seite 14).

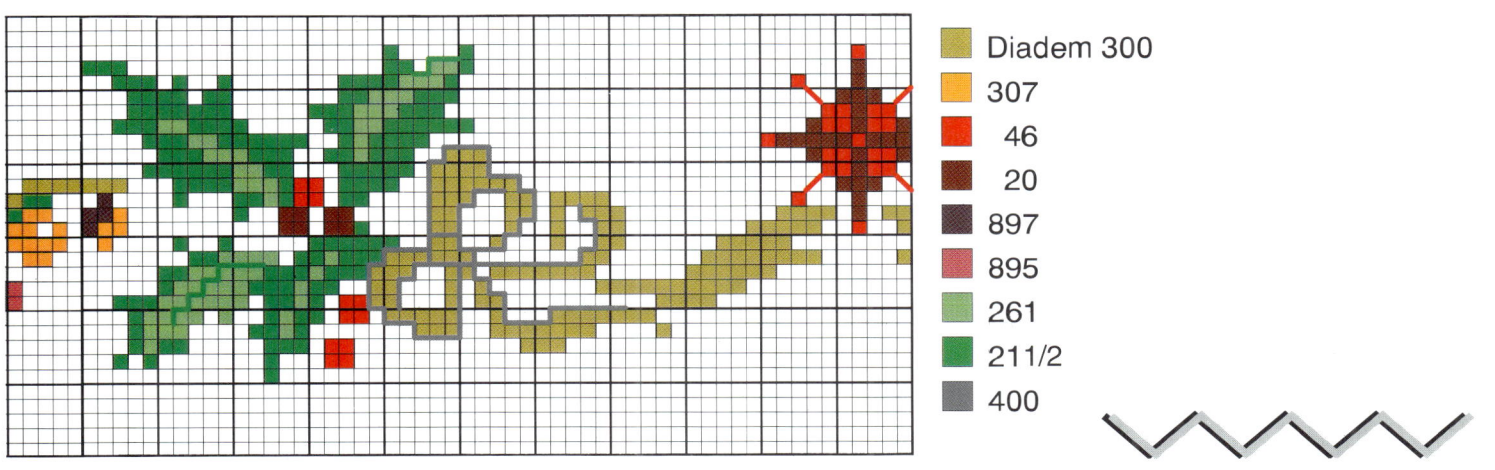

▨	Diadem 300
▨	307
▧	46
▨	20
▨	897
▨	895
▨	261
▨	211/2
▨	400

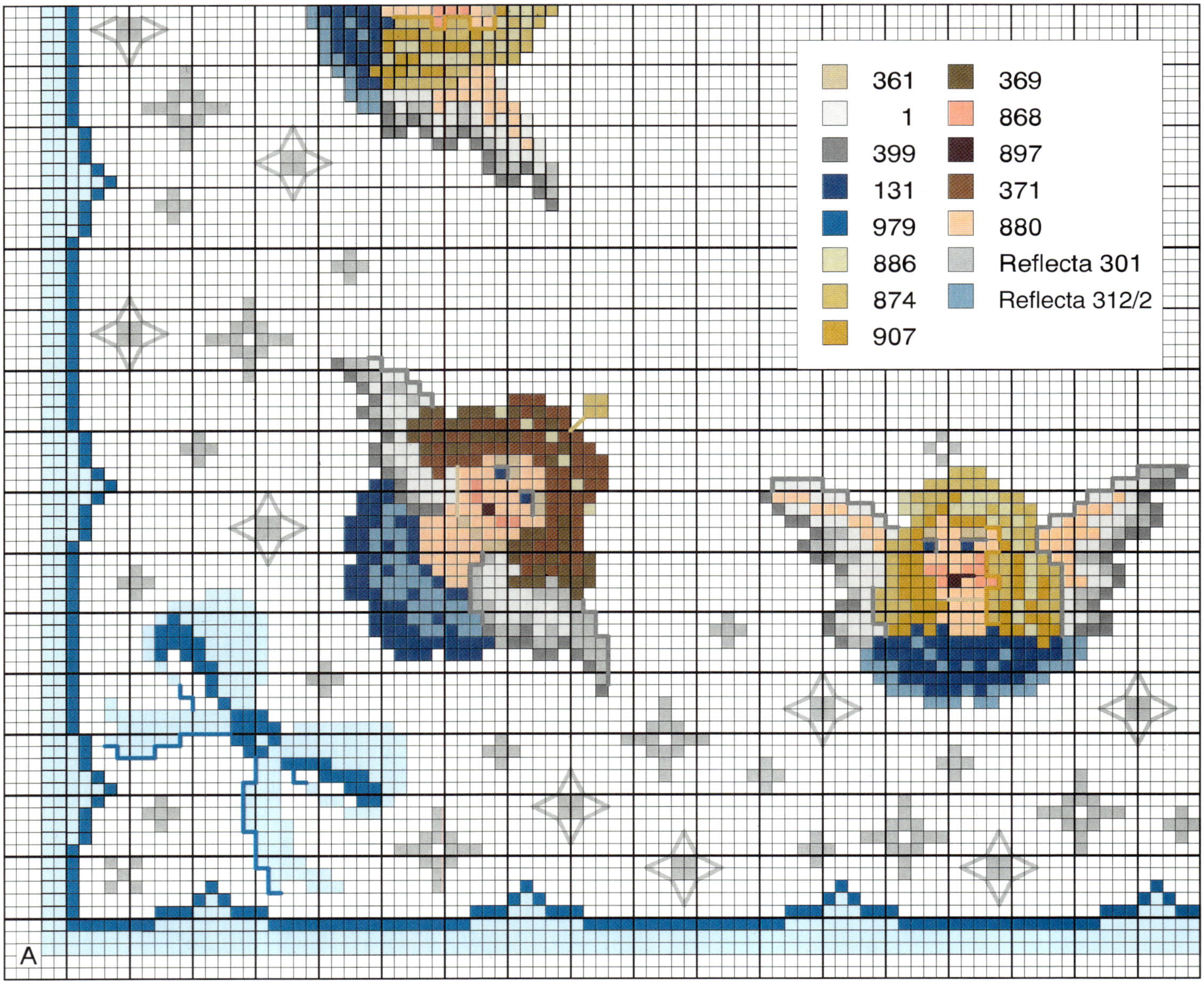

	361		369
	1		868
	399		897
	131		371
	979		880
	886		Reflecta 301
	874		Reflecta 312/2
	907		

A

MITTELDECKE „ENGELCHEN"

Stoff: LUGANA Baumwoll-Mischgewebe
100 Fäden = ca. 10 cm
Stoffgröße: 100 x 100 cm
Fertiggröße: 80 x 80 cm
Stickgarn: ⚓ Anchor Sticktwist
Kreuzstich 2-fädig
Steppstich 2-fädig

1 KÄSTCHEN =
2 x 2 GEWEBEFÄDEN

Beginnen Sie 30,5 cm vom linken und 30,5 cm vom unteren Rand bei A mit einer Sticknadel Nr. 24 ohne Spitze zu sticken. Auf der Zählvorlage sehen Sie eine Ecke, die Sie einfach um 90° drehen und weitersticken. Ein braunhaariges Engelchen wechselt sich immer mit einem blonden ab. Zum Schluß arbeiten Sie einen 3 cm breiten Hohlsaum mit ⚓ Anchor Sticktwist, Farbe 979 (siehe Seite 10).

WEIHNACHTSDECKCHEN „EFEUKRANZ"

Stoff: DUBLIN 100% Reinleinen
100 Fäden = ca. 10 cm
Stoffgröße: 50 x 50 cm
Fertiggröße: 36 x 36 cm
Stickgarn: ⚓ Anchor Sticktwist
Kreuzstich 2-fädig
Steppstich 1-fädig

1 KÄSTCHEN =
2 x 2 GEWEBEFÄDEN

Falten Sie den Stoff zur Mitte, so daß Sie dessen Mittelpunkt erhalten (siehe Punkt M auf der Zählvorlage). Sticken Sie mit einer Sticknadel Nr. 24 ohne Spitze.

Nach dem Sticken arbeiten Sie einen 3 cm breiten, doppelten Saum, den Sie anschließend an die äußere Kreuzstichreihe mit Mez-Garn hohl annähen (siehe Seite 10).

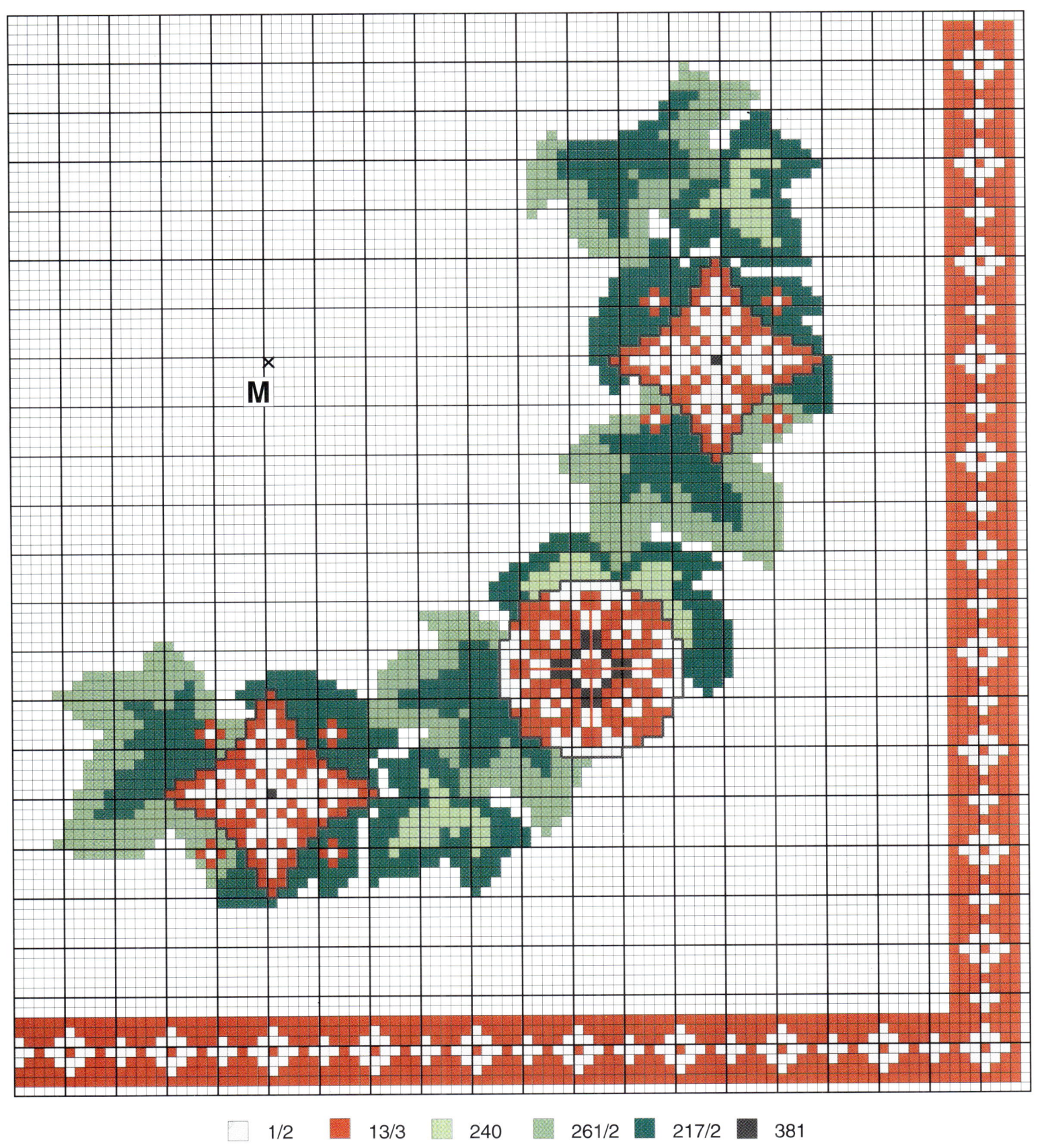

M

| | 1/2 | | 13/3 | | 240 | | 261/2 | | 217/2 | | 381 |

🟥	19/2
🟩	263/2

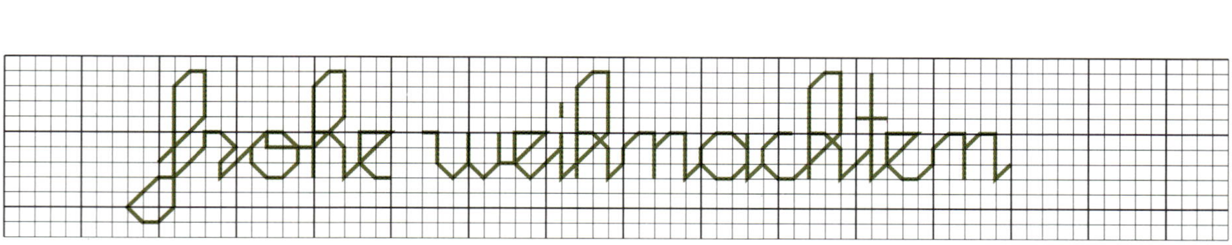

frohe weihnachten

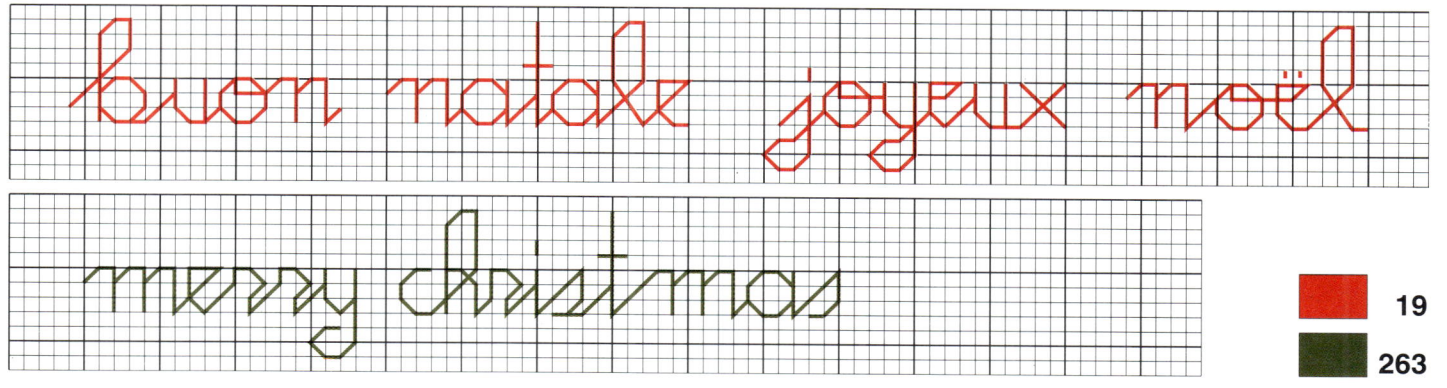

	19
	263

SETS „FROHE WEIHNACHTEN"

Stoff: 100% Leinen, fertig konfektioniert mit Hohlsaum, Art. 3006
105 Fäden = ca. 10 cm
Fertiggröße: 35 x 45 cm
Stickgarn: ⚓ Anchor Sticktwist
Kreuzstich 2-fädig
Steppstich 2-fädig

1 KÄSTCHEN =
2 x 2 GEWEBEFÄDEN

Sticken Sie mit einer Sticknadel Nr. 24 ohne Spitze zunächst die Schriftzüge. Falls ein Set zu klein ausfällt, können Sie dies ausgleichen, indem Sie die Verbindungskordel zwischen den Schriftzügen um einige Stiche verkürzen.
Sticken Sie an die Kordel verschieden lange Bändchen mit Motiven. Wenn Sie bei jedem Set die Motive und Farben vertauschen, werden die Sets abwechslungsreicher und leichter unterscheidbar.

TISCHBAND „GLOCKEN"

Stoff: TILLA Baumwoll-Mischgewebe mit Lurex
ca. 40 Stiche = 10 cm
Stoffgröße: 35 x 170 cm
Fertiggröße: 25 x 160 cm
Stickgarn: ⚓ Anchor Sticktwist
Kreuzstich 6-fädig

Weiteres Zubehör: Mez-Garn

1 KÄSTCHEN = 1 GEWEBEKARO

Die sechzehn Glockenpaare ordnen Sie versetzt, sich gegenüberliegend an. Am besten teilen Sie das Band längs in der Mitte durch einen Heftfaden und beginnen mit einer Sticknadel Nr. 20 ohne Spitze mit dem ersten Glockenpaar fünf Gewebekaros vom Heftfaden und 15,5 cm von der rechten Stoffkante entfernt bei A. Nach Fertigstellung arbeiten Sie einen 2 cm breiten, doppelten Saum.

SET „KERZEN"
SET „ENGEL"
SET „TANNEN"

Stoff: TULLA Baumwoll-Mischgewebe
ca. 40 Stiche = 10 cm
Stoffgröße: 50 x 65 cm
Fertiggröße: 35 x 50 cm
Stickgarn: ⚓ Anchor Sticktwist
Kreuzstich 6-fädig
Steppstich 4-fädig

Weiteres Zubehör: 1 Rolle ⚓ Anchor Diadem, Farbe 300, gold, Mez-Garn

1 KÄSTCHEN = 1 GEWEBEKARO

Die Sets werden mit einer Sticknadel Nr. 20 ohne Spitze nach der Zählvorlage für den Adventskalender von Seite 22 und 23 gearbeitet. Die Zahlen werden einfach weggelassen und die Motive vollständig ausgestickt.
Nach dem Sticken nähen Sie mit dem angegebenen Garn einen 2,5 cm breiten, doppelten Saum hohl an.

Glocken	Kerzen
159/6	13/2
164/6	332
188/3	403

Engel
167
358
882
979

Tannen
187
358
879/2

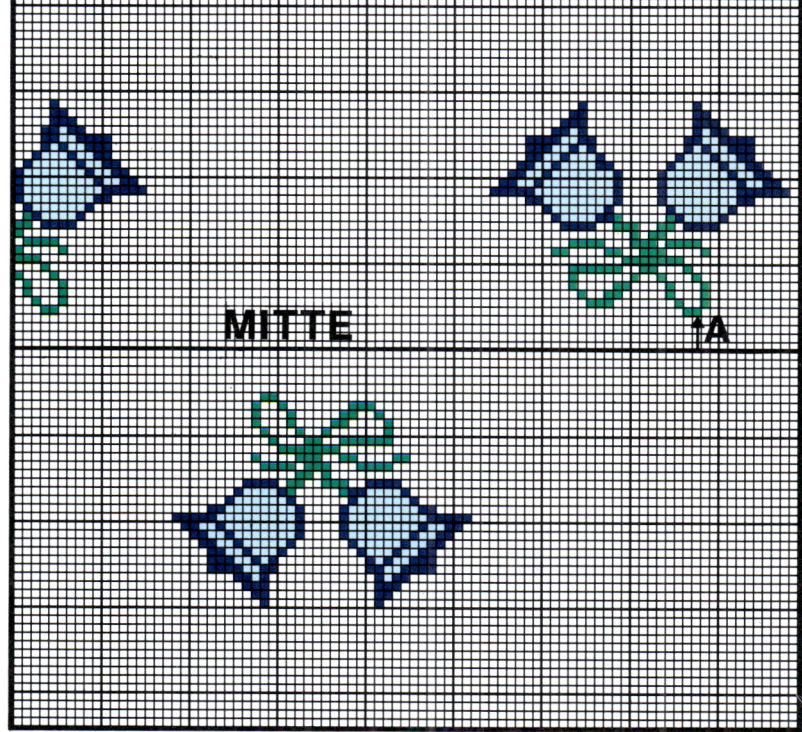

MITTE   1A

59

MITTELDECKE
„BÄUME UND KERZEN"

Stoff: Baumwoll-Mischgewebe
ca. 53 Stiche = 10 cm
Stoffgröße: 100 x 100 cm
Fertiggröße: 90 x 90 cm
Stickgarn: ⚓ Anchor Sticktwist
Kreuzstich 3-fädig
Steppstich 2-fädig

1 KÄSTCHEN = 1 GEWEBEKARO

Verwendet wird eine Sticknadel Nr. 22 ohne Spitze. Beginnen Sie mit jeder Motivgruppe in der Ecke ca. 10 cm von den Schnittkanten entfernt. Arbeiten Sie die Baumgruppe nach der Zählvorlage und sticken beliebig viele Bäume bis ungefähr zur Mitte der Decke.

Beginnen Sie in der nächsten Ecke mit den Kerzen, und verfahren Sie wie bei der Baumgruppe.

Die Sternchen können Sie beliebig einsticken. Arbeiten Sie zum Schluß einen 2,5 cm breiten Hohlsaum (siehe Seite 10).

Zählvorlagen auf Seite 62 und 64

Zählvorlage zu Seite 60 und 61

Zählvorlage zu Seite 66 und 67

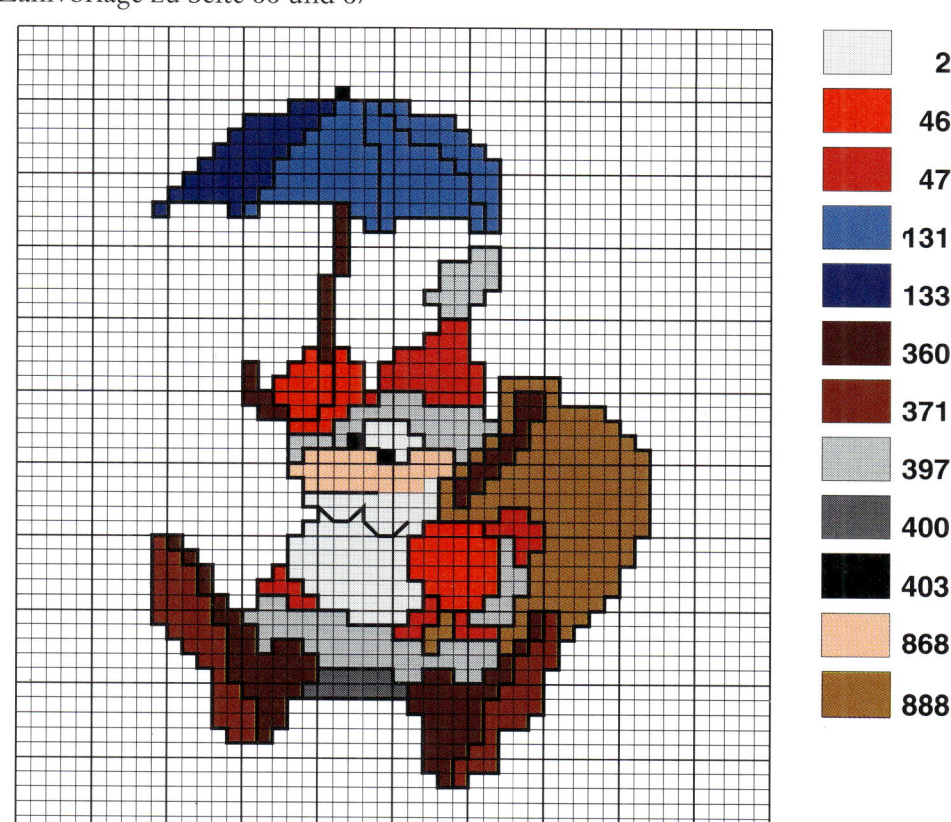

	2
	46
	47
	131
	133
	360
	371
	397
	400
	403
	868
	888

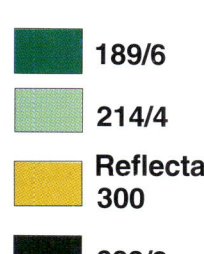

	189/6
	214/4
	Reflecta/ 300
	683/3

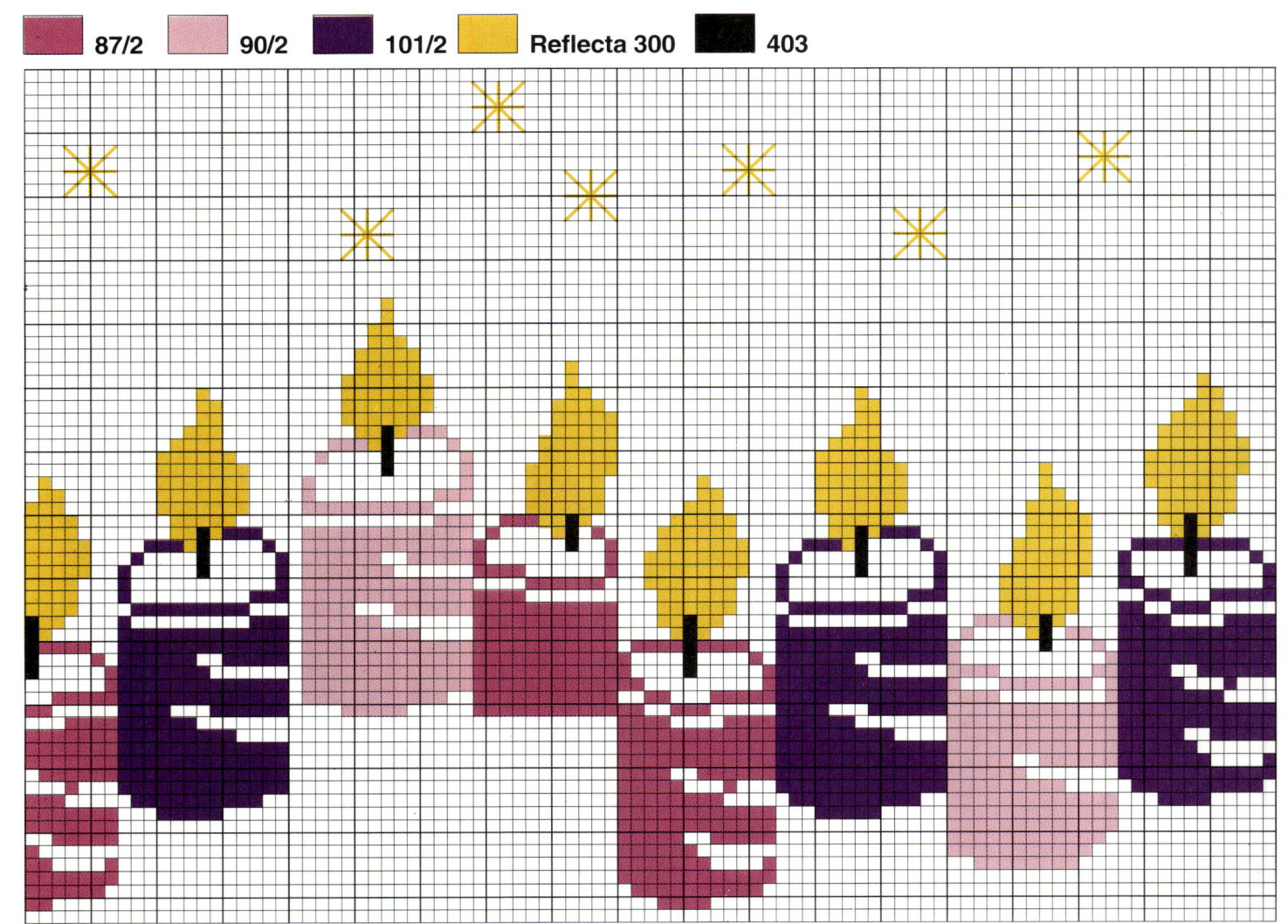

Zählvorlage zu Seite 60 und 61

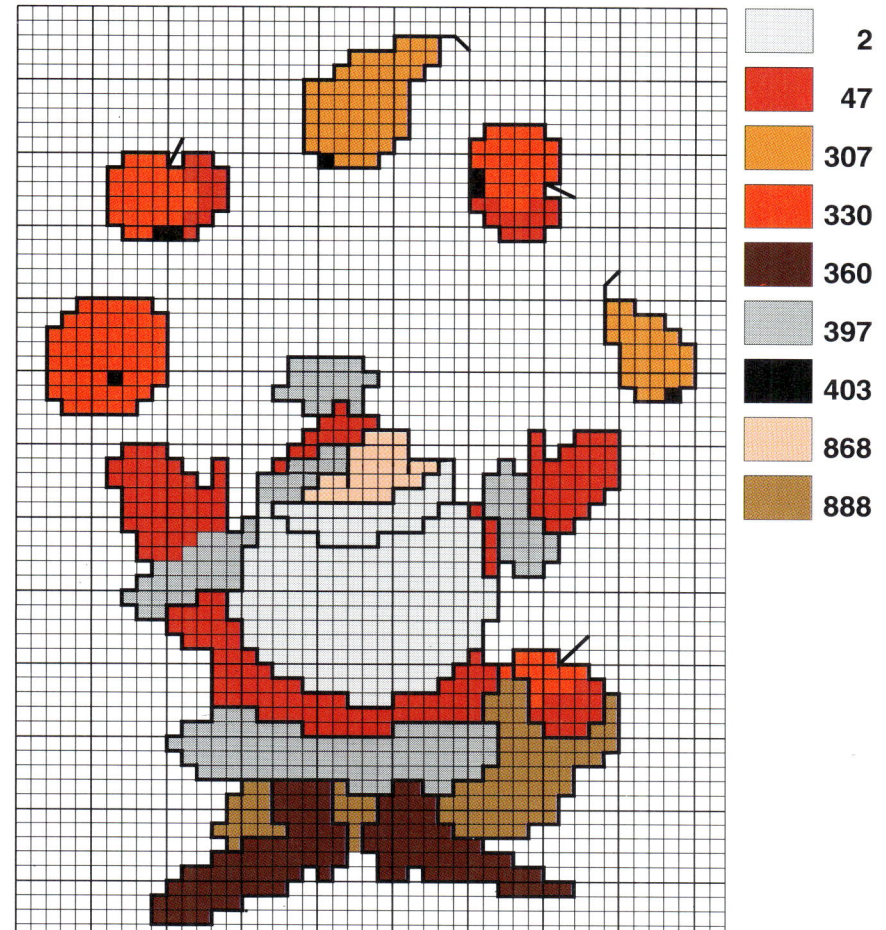

	2
	47
	307
	330
	360
	397
	403
	868
	888

Zählvorlagen zu Seite
66 und 67

	2
	46
	47
	307
	309
	316
	360
	371
	397
	400
	403
	868

SETS „NIKOLAUSMOTIVE"

Stoff: Baumwoll-Mischgewebe
ca. 53 Stiche = 10 cm
Stoffgröße: 45 x 60 cm
Fertiggröße: 35 x 50 cm
Stickgarn: ⚓ Anchor Sticktwist
Kreuzstich 3-fädig
Steppstich 1-fädig

Weiteres Zubehör: Geschenkband

1 KÄSTCHEN = 1 GEWEBEKARO

Schneiden Sie das Set in der angegebenen Größe zu, und arbeiten Sie ringsum einen 2,5 cm breiten Hohlsaum (siehe Seite 10).

Sticken Sie in die linke, obere Ecke das entsprechende Motiv (Kreuzstich mit Sticknadel Nr. 22 ohne Spitze, Steppstich mit Sticknadel Nr. 24 ohne Spitze). Lassen Sie jeweils zwei Gewebekaros zwischen Hohlsaum und Motiv frei.
Um den Sets eine besondere Note zu verleihen, rahmen Sie das Stickmotiv ein. Nähen Sie dazu Geschenkband über Kreuz auf die Sets auf.

Zählvorlagen auf Seite 63 und 65

MITTELDECKE „ENGEL"

Stoff: DAVOSA Baumwollgewebe
71 Fäden = ca. 10 cm
Stoffgröße: 100 x 100 cm
Fertiggröße: 80 x 80 cm
Stickgarn: ⚓ Anchor Sticktwist
Kreuzstich 6-fädig
Steppstich 4-fädig

Weiteres Zubehör: 3 Rollen ⚓ Anchor Diadem, Farbe 301, silber, ⚓ Anchor Vierfach-Stickgarn 16

1 KÄSTCHEN =
2 x 2 GEWEBEFÄDEN

Die Decke wird mit einer Sticknadel Nr. 20 ohne Spitze nach der Zählvorlage für den Adventskalender von Seite 22 und 23 gearbeitet. Die Zahlen werden einfach weggelassen und die Motive vollständig ausgestickt.

Beim Sticken beachten Sie bitte, daß Sie auf einer Seite mit dem mittleren Stern beginnen. Dabei ist es hilfreich, den Stoff in der Hälfte zu falten; die daraus entstehende Bruchkante markiert die Mitte Ihres Sterns. Beginnen Sie mit dem Sticken 16 cm vom Rand entfernt. Alle weiteren Motive haben einen Abstand von 26 Gewebefäden voneinander. Die eckenbildenden Engel haben zwischen Flügelspitzen und Haaransatz einen Abstand von 8 Gewebefäden.

Nach Fertigstellung arbeiten Sie einen 2,5 cm breiten, doppelten Hohlsaum (siehe Seite 10) mit ⚓ Anchor Vierfach-Stickgarn 16 und Nadel Nr. 24 ohne Spitze.

Farbangaben

01/4
78/2
119/3
358/2
403
882

TISCHDECKE „STERNE"

Stoff: ANNABELLE Baumwollgewebe
112 Gewebefäden = ca. 10 cm
Stoffgröße: 140 x 133 cm
Fertiggröße: 118 x 122 cm
Stickgarn: 5 Rollen ⚓ Anchor Reflecta,
100 m, Farbe 300, gold
Kreuzstich 2-fädig

Weiteres Zubehör: Mez-Garn

1 KÄSTCHEN =
2 x 2 GEWEBEFÄDEN

Sticken Sie zunächst die Quadrate: Im Abstand von 78 Gewebefäden ziehen Sie jeweils 2 Fäden ⚓ Anchor Reflecta ein, lassen 1 Gewebefaden stehen und ziehen daneben noch einmal 2 Fäden ⚓ Anchor Reflecta ein.
Die Motive werden gemäß der Zeichnung angeordnet und mit einer Stick-

nadel Nr. 24 ohne Spitze in die Quadrate gestickt.
Nach dem Sticken nähen Sie einen 3 cm breiten, doppelten Saum mit Mez-Garn. Beachten Sie, daß dabei an einer Webkante etwas mehr Stoff abgeschnitten werden muß.

Anordnung der Sterne auf dem Stoffzuschnitt

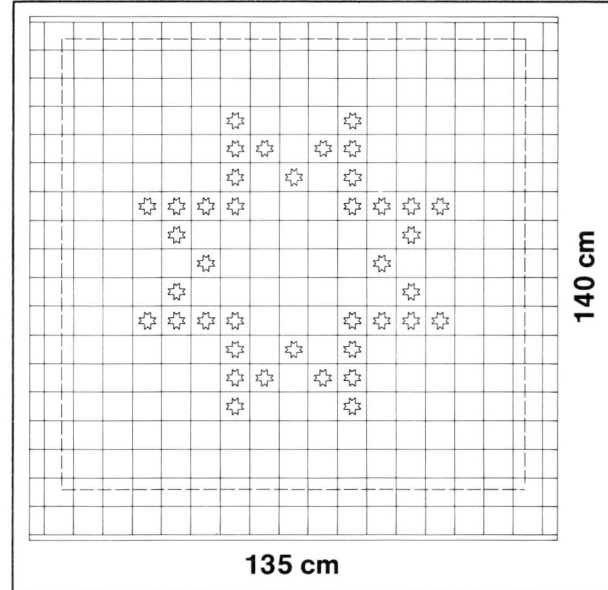

140 cm

135 cm

Bilder

![Teddy bear cross-stitch picture in a red frame]

SCHLITTENFAHRT

Stoff: FEINAIDA, Art. 3793
ca. 70 Stiche = 10 cm
Stoffgröße: 19,5 x 19,5 cm
Stickgarn: ⚓ Anchor Sticktwist
Kreuzstich 1-fädig

Weiteres Zubehör: quadratischer Rahmen, 18 x 18 cm

1 KÄSTCHEN = 1 GEWEBEKARO

Verwenden Sie eine Sticknadel Nr. 24 ohne Spitze. Sticken Sie das Bären-

motiv in die Mitte des Stoffzuschnittes. Rahmen Sie die fertige Stickerei mit einem roten Holzrahmen.

72

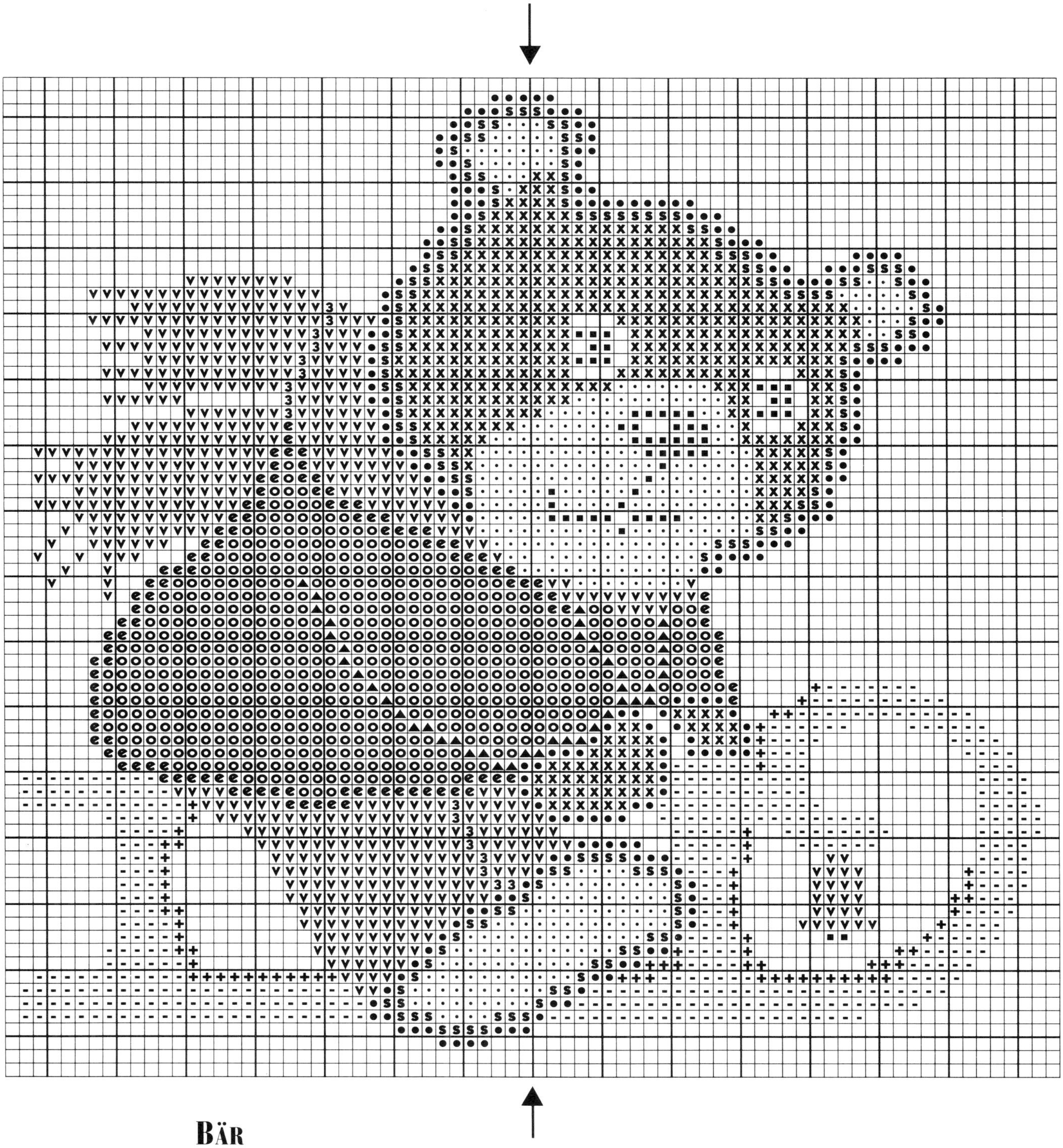

BÄR

- • = 359 dunkelbraun
- s = 375 mittelbraun
- x = 373 hellbraun
- · = 372 hautfarben

SCHLITTEN

- + = 374 beige/Schatten
- - = 313 gelb

SCHAL UND HOSE

- 3 = 20 dunkelrot
- v = 19 rot

AUGEN, SCHNAUZE, GLOCKE

- ■ = 403 schwarz

JACKE

- ▲ = 150 dunkelblau
- e = 149 mittelblau
- ○ = 147 hellblau

PÄCKCHENSCHLITTEN

Stoff: feines Leinen, Art. 3006
10,5 Fäden = ca. 1 cm
Stoffgröße: 14,5 x 14,5 cm

Weiteres Zubehör: quadratischer Rahmen, 13 x 13 cm

KERZE MIT ILEX

Stoff: FEINAIDA, Art. 3793
ca. 70 Stiche = 10 cm
Stoffgröße: 12 x 16,5 cm

Weiteres Zubehör: rechteckiger Rahmen, 10,5 x 15 cm

GLÖCKCHEN

Stoff: FEINAIDA, Art. 3793
ca. 70 Stiche = 10 cm
Stoffgröße: 11,5 x 11,5 cm

Weiteres Zubehör: quadratischer Rahmen, 10 x 10 cm

Stickgarn: ⚓ Anchor Nordin

1 KÄSTCHEN =
2 x 2 GEWEBEFÄDEN (LEINEN)
1 KÄSTCHEN = 1 GEWEBEKARO
(AIDA)

Verwenden Sie eine Sticknadel Nr. 24 ohne Spitze. Sticken Sie die jeweiligen Motive in die Mitte des entsprechenden Stoffzuschnitts. Fertigen Sie die Bildchen mit einem roten Rahmen aus. Sehr hübsch sieht auch ein Passepartout in einer anderen Farbe aus, wie das Beispiel der „Kerze mit Ilex" zeigt.

Weitere Zählvorlagen auf Seite 77

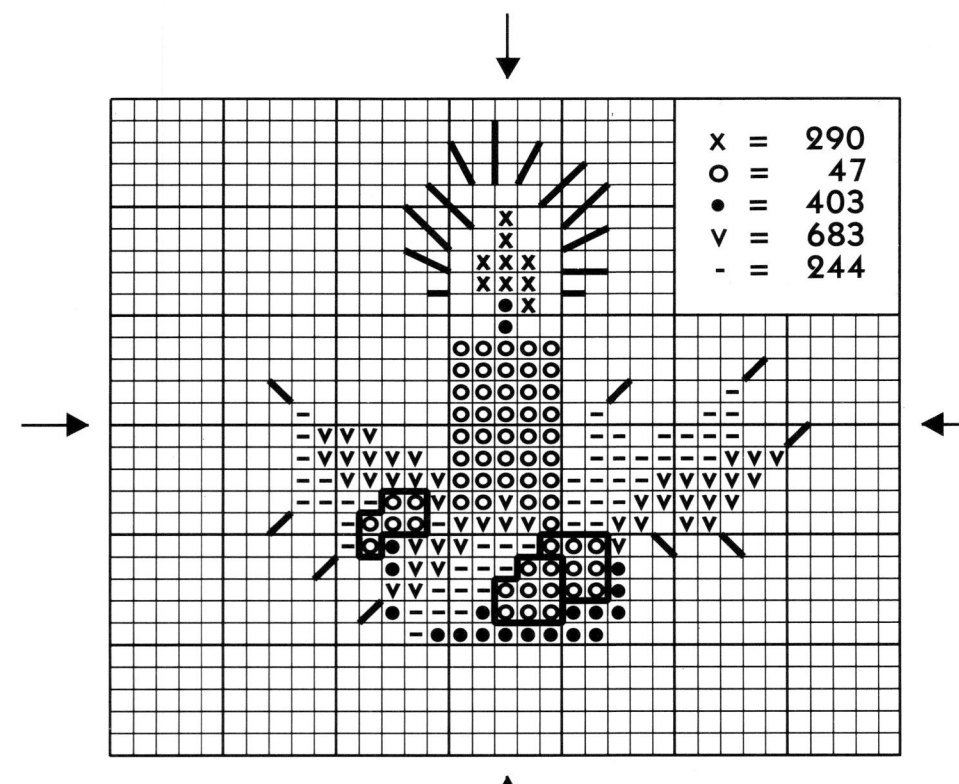

x =	290
o =	47
● =	403
v =	683
- =	244

Christbaumschmuck

TANNENBAUM
Stoffgröße: 20 x 30 cm
Fertiggröße: 13 x 15 cm

SCHNEEMANN
Stoffgröße: 20 x 30 cm
Fertiggröße: 12 x 16 cm

Stickgarn: ⚓ Anchor Marlitt
Kreuzstich 2-fädig
Steppstich 2-fädig

HERZ
Stoffgröße: 15 x 30 cm
Fertiggröße: 13 x 13 cm

NIKOLAUS
Stoffgröße: 20 x 30 cm
Fertiggröße: 11,5 x 16 cm

Stickgarn: ⚓ Anchor Sticktwist
Kreuzstich 2-fädig
Steppstich 2-fädig

Stoff: DUBLIN 100% Reinleinen
100 Fäden = ca. 10 cm

Weiteres Zubehör: verschiedene Reste gemusterter Baumwollstoffe für die Schrägstreifen, Volumenvlies in der Größe des jeweiligen fertigen Christbaumschmucks

1 KÄSTCHEN =
2 x 2 GEWEBEFÄDEN

Sticken Sie das gewünschte Motiv mit einer Sticknadel Nr. 24 ohne Spitze auf ein Stück Reinleinen. Pausen Sie nun die Form des Baumes, Herzens oder Ovals vom Schnittmuster (Seite 90/91) auf Seidenpapier und schneiden diese aus. Legen Sie die Form auf die Stickerei, die Sie durch das Seidenpapier genau sehen und somit plazieren können, und schneiden den Stoff zu. Nahtzugaben sind bereits im vorgegebenen Schnitt enthalten. Für die Einlage und die Rückseite schneiden Sie die Form noch einmal aus. Legen Sie nun die beiden Stoffseiten links auf links aufeinander. Dazwischen legen Sie das Volumenvlies.

Schneiden Sie aus dem gemusterten Stoff einen Schrägstreifen zu und fassen die drei Lagen rundum ein. Beginnen Sie am oberen Ende, und lassen Sie auf beiden Seiten ca. 20 cm Schrägstreifen für die Schleife überstehen. Zum Schluß arbeiten Sie eine Aufhängung aus dem gleichen Stoff.

Zählvorlagen auf Seite 21, 25 und 50

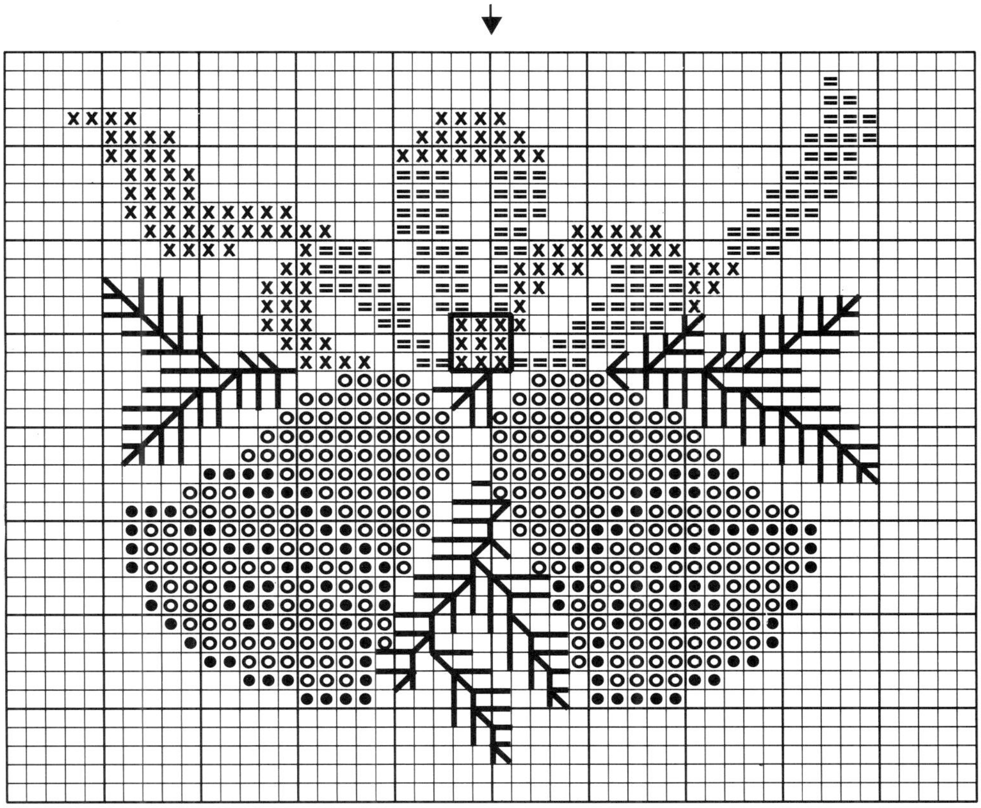

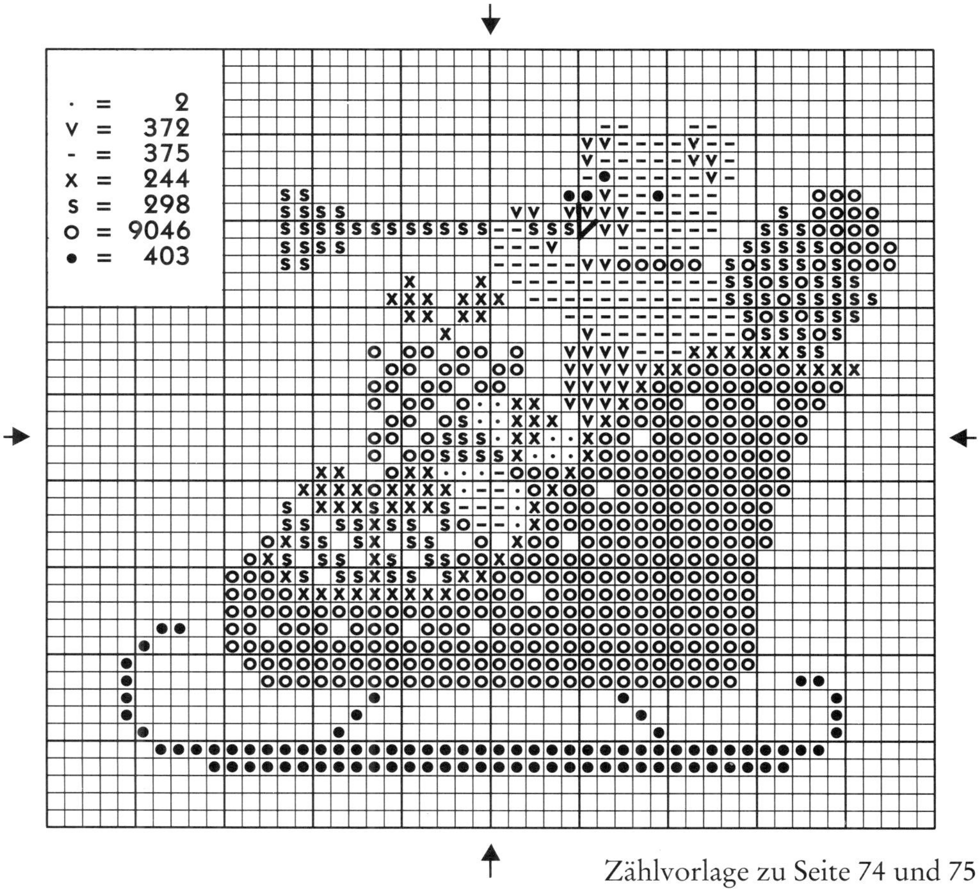

Zählvorlage zu Seite 27, 74 und 75

Zählvorlage zu Seite 74 und 75

Zählvorlage auf Seite 80 und 81

Zählvorlage auf Seite 82 und 83

79

Stoff: STERN-AIDA, Art 3706
54 Stiche = ca. 10 cm
Fertiggröße: 35 x 45 cm

Stickgarn: ⚓ Anchor Sticktwist
Kreuzstich 3-fädig
Steppstich 2-fädig

Zählvorlage zu Seite 78

☐	1
🟥	46
🟥	89
🟦	108
🟦	110
🟦	133
🟩	218
🟩	244
🟨	297
🟨	306
🟫	371
⬜	398
⬛	403
☐	892
🟨	Gold
⬜	Silber

Stoff: STERN-AIDA, Art. 3706
54 Stiche = ca. 10 cm
Fertiggröße: 35 x 45 cm

Stickgarn: ⚓ Anchor Sticktwist
Kreuzstich 3-fädig
Steppstich 2-fädig

Zählvorlage zu Seite 79

Zählvorlage auf Seite 86 und 87

Zählvorlage auf Seite 88 und 89

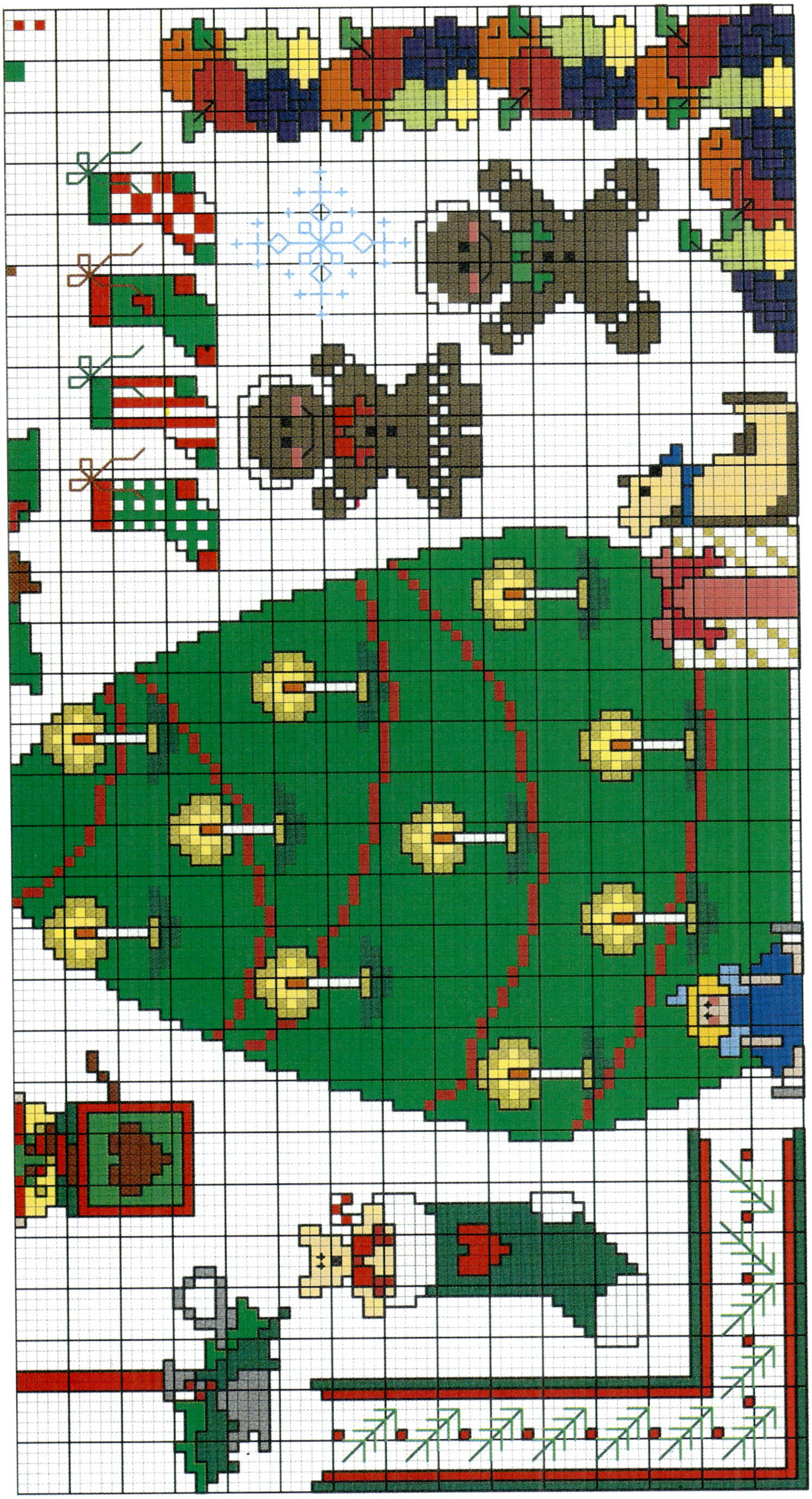

Stoff: STERN-AIDA, Art. 3706
54 Stiche = ca. 10 cm
Fertiggröße: 35 x 45 cm

Stickgarn: ⚓ Anchor Sticktwist
Kreuzstich 3-fädig
Steppstich 2-fädig

Zählvorlage zu Seite 84

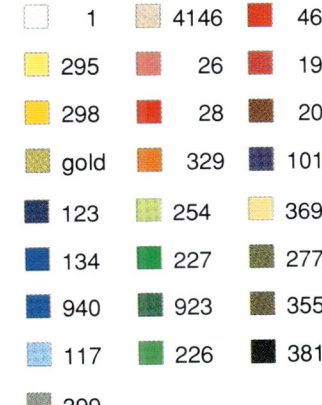

☐ 1	4146	■ 46
☐ 295	26	■ 19
☐ 298	■ 28	■ 20
gold	■ 329	■ 101
■ 123	254	☐ 369
■ 134	■ 227	■ 277
■ 940	■ 923	■ 355
■ 117	■ 226	■ 381
■ 399		

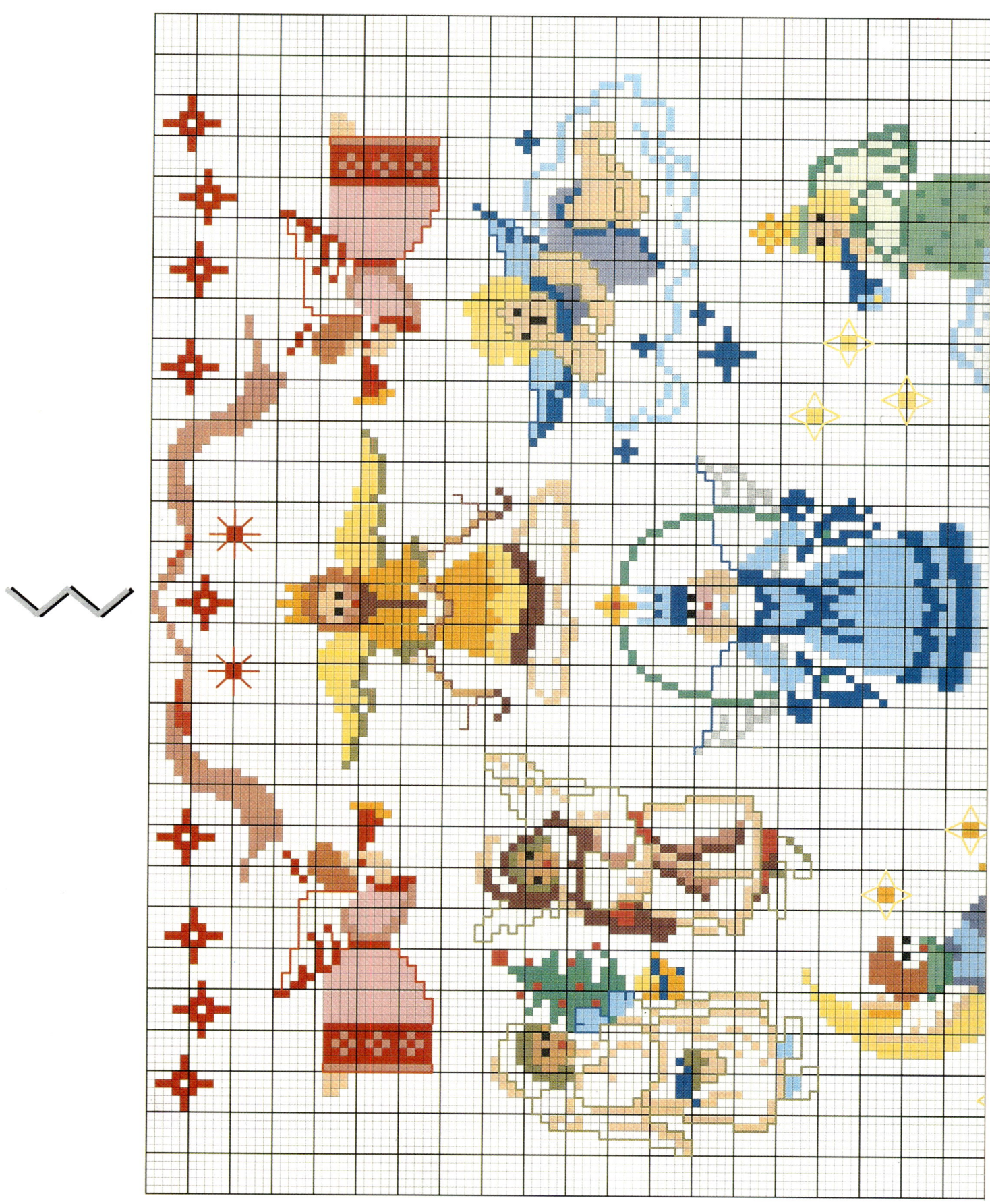

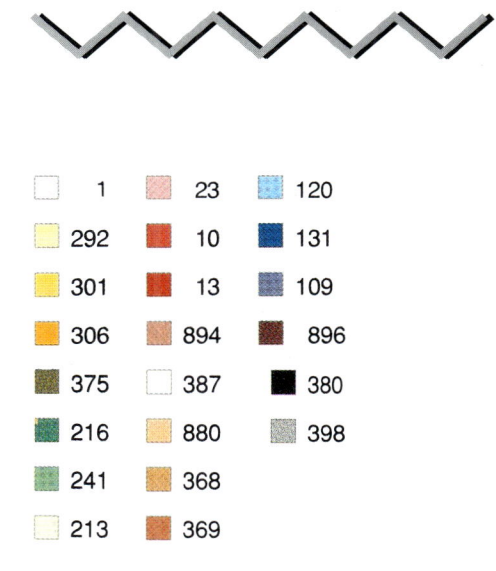

Stoff: STERN-AIDA, Art. 3706
54 Stiche = ca. 10 cm
Fertiggröße: 35 x 45 cm

Stickgarn: ⚓ Anchor Sticktwist
Kreuzstich 3-fädig
Steppstich 2-fädig

Zählvorlage zu Seite 85

☐	1	☐	23	☐	120
☐	292	☐	10	☐	131
☐	301	☐	13	☐	109
☐	306	☐	894	☐	896
☐	375	☐	387	☐	380
☐	216	☐	880	☐	398
☐	241	☐	368		
☐	213	☐	369		

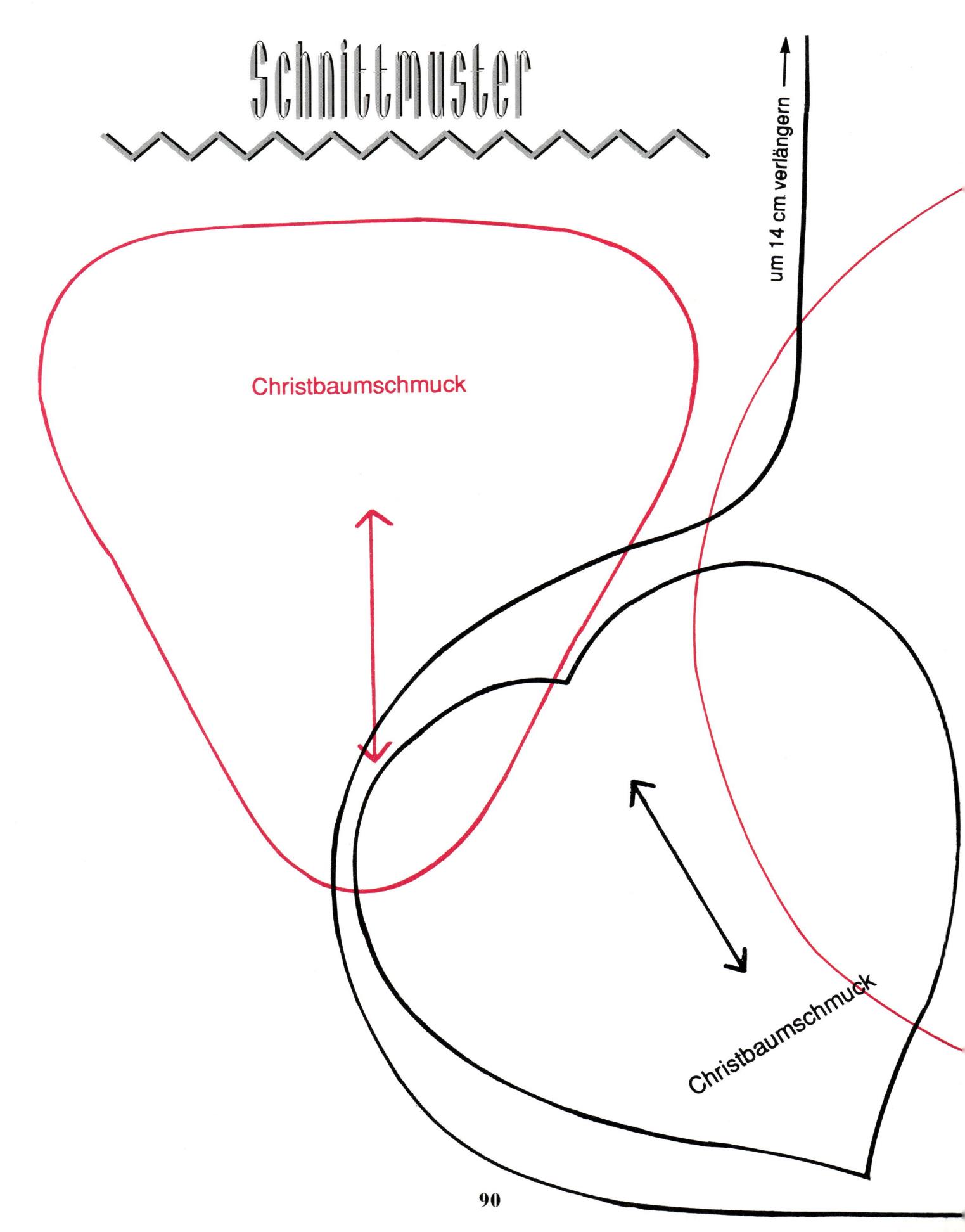

Schnittmuster

Christbaumschmuck

um 14 cm verlängern

Christbaumschmuck

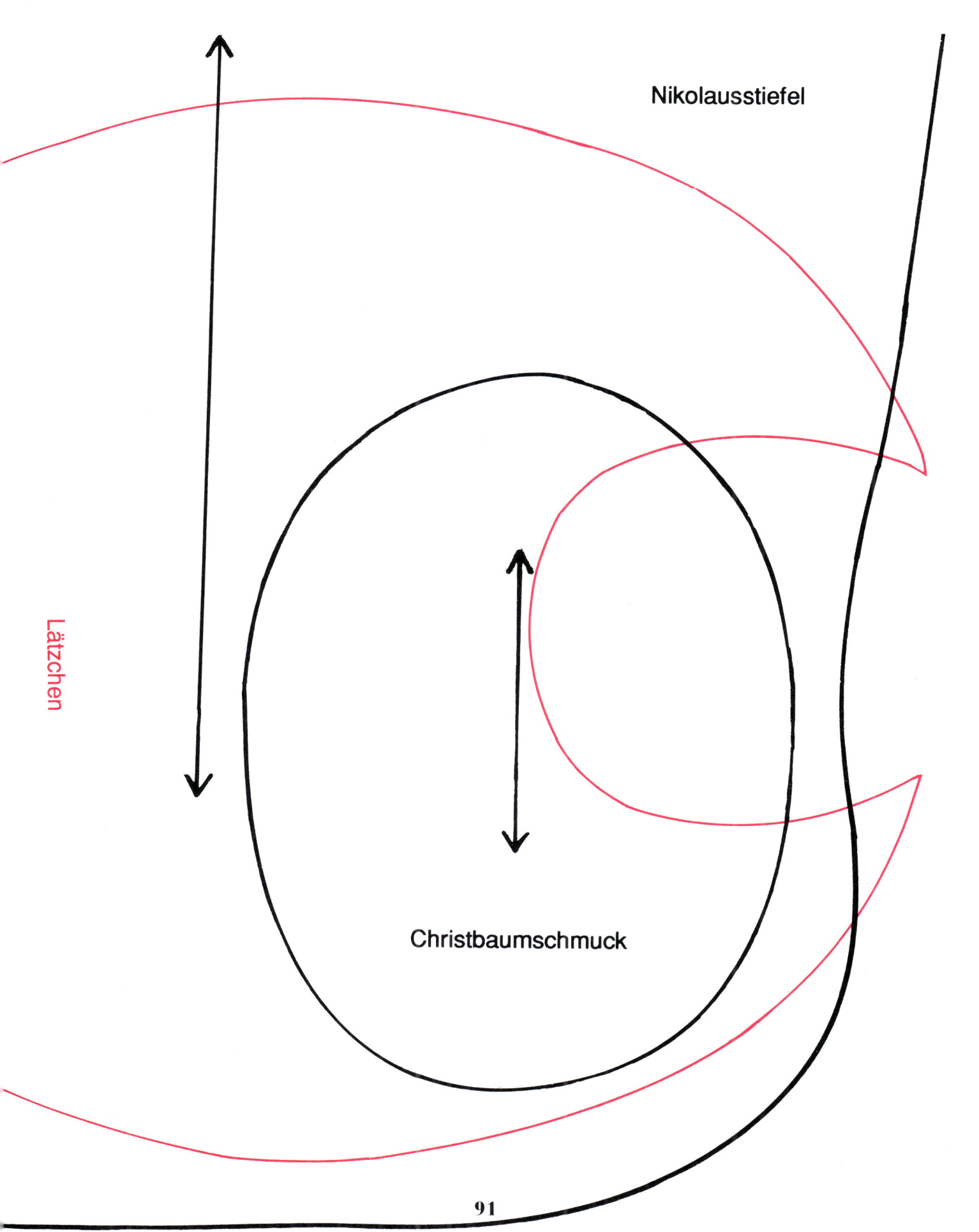

Nikolausstiefel

Lätzchen

Christbaumschmuck

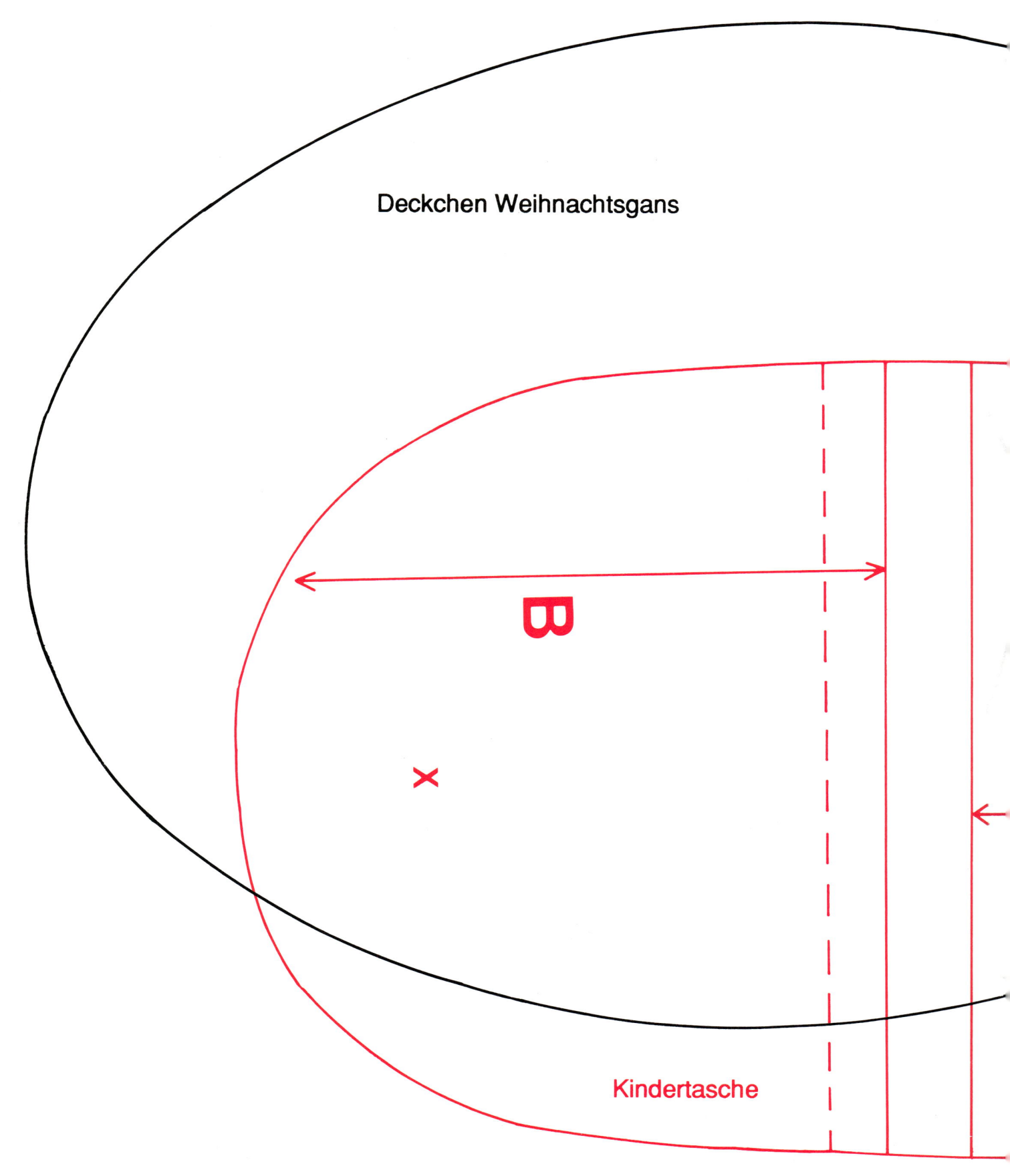

Deckchen Weihnachtsgans

B

x

Kindertasche

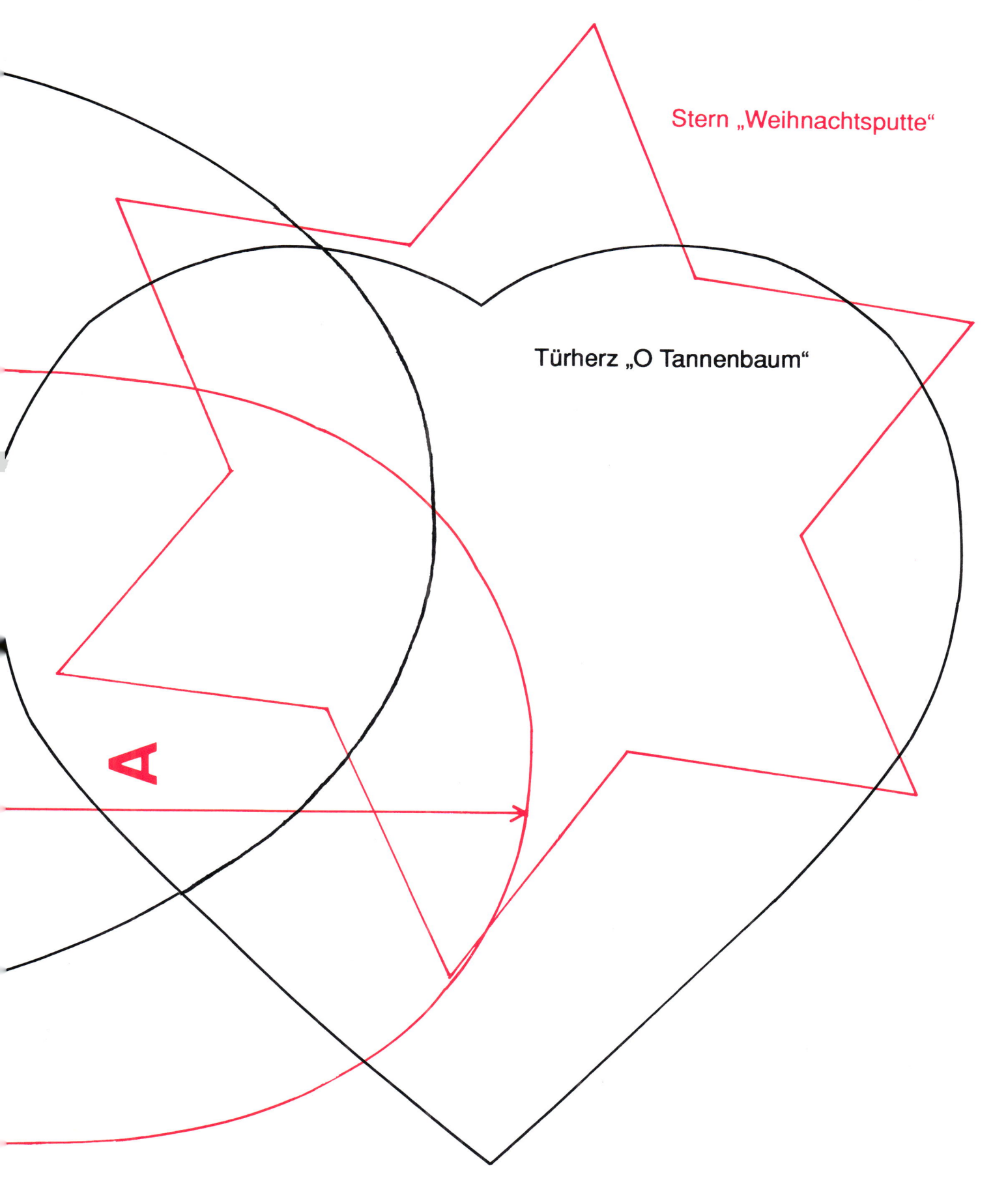

Stern „Weihnachtsputte"

Türherz „O Tannenbaum"

A

Coats Mez

Handarbeitsgarne seit über 200 Jahren.

*Coats Mez stellt Garne von
höchster Qualität her.
Eine Qualität, die Ihnen schon
seit Jahren unter dem Namen
Mez bekannt ist.
Coats Mez – damit Ihre Handarbeiten wertvoll bleiben.*

*Coats Mez GmbH · D-7832 Kenzingen
Coats Stroppel AG · CH-5300 Turgi
Harlander Prym · A-1211 Wien*

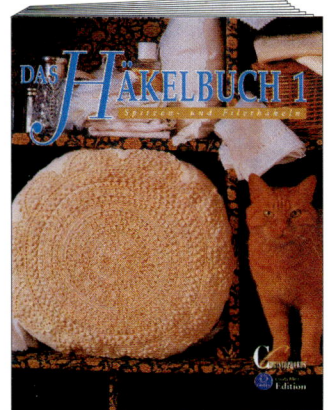

Die Deutsche Bibliothek –
CIP-Einheitsaufnahme

Das **Kreuzstich-Buch Weihnachten**:
die schönsten Motive. –
Freiburg im Breisgau:
Christophorus-Verl., 1994
(Coats Mez Edition)
ISBN 3-419-53234-2

© 1994 Christophorus-Verlag GmbH
Freiburg im Breisgau

Stick-Design: Siegrun Boß-Kulbe
Regine Blau
Jörg Erdmann
Coats Mez Design-Studio
Umschlaggestaltung und Layout:
Network!, München
Satz: Erger & Wernet, Breisach
Herstellung: Freiburger Graphische
Betriebe 1994